CORRESPONDANCE
FACILE
modèles de lettres
correspondance privée et courrier d'affaires

Jacques Verdol

HACHETTE
Français langue étrangère

43, quai de Grenelle, 75905 Paris Cedex 15.

Bibliographie

Jean-Yves DOURNON, *La Correspondance pratique*, Le Livre de Poche, Hachette

Le Dictionnaire des difficultés du français, Hachette

Guide de la recherche d'emploi et du curriculum vitae, Le Livre de Poche, Hachette

Pour découvrir nos nouveautés, consulter notre catalogue en ligne, contacter nos diffuseurs, nous écrire, ou rejoindre le Club Hachette FLE, rendez-vous sur Internet :

www.fle.hachette-livre.fr

Couverture : Alain Vambacas
Dessins : Pronto
Composition et maquette : Mosaïque

ISBN : 2 01155083-1
© Hachette Livre 1997 – 43, quai de Grenelle, 75905 Paris Cedex 15.

Sommaire

Se reporter aussi aux pages 14 et 15

À vous ! pages 11, 13, 16, 52, 53, 54, 55, 65, 67, 69, 88, 91 et 94.

Remerciements

À *mon ami Jean*

L'auteur tient à remercier toutes les personnes qui, aimablement, ont apporté leur concours à la réalisation de la *Correspondance facile*. Et en particulier :
Monsieur le Directeur de l'Imprimerie commerciale d'Antony.
Monsieur le Directeur de l'Agence bancaire BICS Antony Sud.

Pour le chapitre *Vive La Poste !*
Monsieur Jean-Claude Domingues, Direction du Courrier, Direction du Marketing et des Ventes. La Poste.
Monsieur Bruno Gobillard, Direction de la Poste d'Antony.
Monsieur Thibault Mathieux, Service National des Timbres-poste et de la Philatélie. La Poste.
Mademoiselle Hélène Duval, factrice à Antony.
Monsieur Louis Briat, créateur des timbres-poste *Madame de Sévigné* et *Marianne* sans valeur faciale.
Monsieur René Dessirier, créateur du timbre-poste *Le Parlement européen*.
Monsieur Jean-Paul Véret Lemarinier, créateur du timbre-poste Le Pont de Normandie et Monsieur Pierre Albuisson, graveur.

Ainsi que : Madame Moïsette Auger, musée de la Poste.
Monsieur Pascal Cambrillat, Directeur du Palais Idéal du Facteur Cheval (Hauterives, Drôme) et Monsieur Delon, photographe.

Enfin, Madame Nina Catach, Directeur de Recherche au CNRS.

Avant-propos

Avant donc que d'écrire,
apprenez à penser.

Boileau, *Art poétique*

À l'heure de la communication immédiate : téléphone, réseaux, Internet…, il est des cas, pourtant, où rien ne peut se substituer à une lettre.

Qu'elle soit personnelle, administrative, professionnelle ou commerciale, la rédaction d'une lettre obéit à quelques règles simples : être claire, facile à comprendre. Elle doit être bien présentée, sans fautes, en un mot, agréable à lire.

Cela vous paraît compliqué ?

Voici des conseils pour vous aider et une piste pour tirer le meilleur parti de la *Correspondance facile*.

➤ Lisez attentivement les **conseils** généraux (pp. 6 à 13)

➤ Cherchez (pp. 14 et 15) le **modèle de lettre**
(courrier privé ou d'affaires) qui correspond à votre besoin.
Il y a beaucoup d'exemples (pp. 16 à 71).

➤ Après l'écriture, la **relecture** de votre lettre : un petit coup d'œil à partir de la p. 86.

➤ Préparez enfin l'**expédition** de votre courrier.
Il y a là aussi des règles à suivre (pp. 72 à 81).

➤ Envie de vous **distraire** un peu ?
Cherchez les pages **À vous !**

Avec la *Correspondance facile*, écrire une lettre ne sera plus un problème pour vous …

Et si, en plus, cela vous donnait envie d'écrire ?

AVANT DE PRENDRE LA PLUME

LES LETTRES

1 *Le papier à lettres*

On n'utilise pas la même sorte de papier pour toutes les correspondances.

• Pour les **lettres administratives** (adressées à la mairie, au service des impôts, etc.), les lettres commerciales (adressées à une société d'assurances, à la banque, etc.), vous allez prendre, obligatoirement, du papier blanc de format 21 x 29,7 (appelé A4 pour la photocopie).

> *Conseil*
> Évitez d'utiliser du papier de photocopie. Il y en a de très bonne qualité mais ce n'est pas vraiment du papier à lettres.

• **Pour vos lettres personnelles**, à des parents, des amis, vous pouvez choisir du papier de couleur (pas trop foncé tout de même !) avec des enveloppes assorties.

Le format peut être plus grand … ou plus petit que le précédent (21 x 18, par exemple).

✔ Faut-il faire imprimer son nom et son adresse en haut et à gauche ? Pourquoi pas… mais cela a un prix. En cas de besoin, vous pouvez coller une étiquette-adresse. En tout cas, pour les amis et connaissances, ce n'est pas vraiment conseillé.

2 *Avec quoi écrire ?*

• Une lettre administrative ou d'affaires sera le plus souvent tapée à la machine ou sur un ordinateur. Si vous n'en avez pas, écrivez avec un stylo. L'encre ne doit pas laisser de bavures. N'écrivez jamais au crayon.

> *Conseils*
> Choisissez plutôt de l'encre noire : c'est plus lisible et, si vous devez faire des photocopies, ce sera plus facile. N'oubliez pas de signer votre lettre… à la main !

Quand vous écrivez avec un stylo à bille, pensez qu'il peut laisser une marque sur les feuilles qui se trouvent en dessous.

3 *Comment écrire ?*

• **Lettres commerciales et d'affaires :** mettez toutes les chances de votre côté pour bien vous faire comprendre.

Commencez par faire un brouillon après avoir noté les points importants à développer. Relisez votre brouillon pour vous assurer que votre message peut être compris facilement. Cette relecture vous permettra d'enlever les répétitions éventuelles, de raccourcir votre texte. Profitez-en pour vérifier que vous avez employé les mots justes, qu'il n'y a pas de fautes d'orthographe (voir p. 86). Au besoin, et si vous n'êtes pas très sûr de vous, faites relire votre lettre par une ou plusieurs personnes et modifiez en conséquence.

Pensez aussi à regrouper par paragraphes toutes les questions qui se rapportent à un même sujet.

Cela vous semble correct. Alors, écrivez votre lettre en la présentant de la meilleure façon possible (voir p. 9). N'hésitez pas à la recommencer s'il y a une tache ou des ratures !

• **Lettres aux parents et aux amis :** la rédaction est plus simple : laissez parler votre cœur, mais faites en sorte que votre lettre soit agréable à lire : bien écrite, pas trop longue et… évitez de faire des fautes !

4 *Quand écrire ?*

• **Lettres commerciales et d'affaires :** il y a souvent des démarches à faire, un texte à préparer avec soin. Donnez-vous une semaine pour répondre. Si cela doit dépasser ce délai, envoyez un accusé de réception en annonçant votre prochain courrier.

• **Lettres aux parents et aux amis :** c'est très variable suivant l'importance des nouvelles qu'on veut communiquer. Par contre, les félicitations, les remerciements doivent être envoyés dans les deux jours.

5 *Comment présenter une lettre ?*

Avant d'aborder les nombreux exemples qui vont vous aider à écrire une lettre, commençons par rappeler ce que l'on doit trouver dans toute correspondance administrative ou commerciale.

A Votre nom et votre adresse. Ainsi, le destinataire verra immédiatement quel est l'expéditeur de la lettre. Cette mention est placée en haut et à gauche de la lettre avec, éventuellement, le n° de téléphone et de fax. Pour des raisons pratiques, ces renseignements sont repris au dos de l'enveloppe (voir p.72) sans indiquer le téléphone ni le fax.

✔ Inutile, bien sûr, de faire figurer le nom et l'adresse quand on écrit aux parents et aux amis.

B Le lieu et la date. Ces indications sont indispensables, notamment pour le courrier qui doit être expédié avant une date précise (réponse avant le...). Mettez la date exacte ! Pensez que sur l'enveloppe, il y aura la date du dépôt à la Poste avec le tampon pour oblitérer le timbre.
Vous écrirez cette date en haut et à droite (voir la disposition, p. 9).
Il faut écrire le nom du mois en toutes lettres (et non avec son numéro), précédé du nom du lieu de l'expédition : *Paris, le 17 septembre 1996*

C La suscription, c'est-à-dire le nom et l'adresse du destinataire, quand il s'agit d'une lettre officielle. Elle se place sous la date (voir p. 9) en prenant soin d'aligner l'ensemble sur la gauche.

D Références du courrier reçu. S'il y a déjà eu un courrier concernant le même sujet, il faut rappeler la lettre qui vous a été adressée.
V/Réf. : votre courrier du 18.05.96 (ou : *BP/MN 01784).*
La société avec qui vous correspondez ajoutera :
N/Réf. : JV/SA 14048 (ou : *Affaire suivie par Mme Courtois).*

E Objet de la lettre. Dans bien des cas, il est utile d'indiquer par quelques mots le sujet abordé dans la lettre. Pour la société qui reçoit votre correspondance, le tri sera plus facile et votre lettre ira plus vite chez la personne qui doit la lire. On présentera ainsi :
Objet : demande de certificat de travail, dégâts incendie, etc.

F L'en-tête. C'est une manière de saluer, par écrit, votre correspondant au commencement de la lettre.

G Le corps de la lettre.

H La formule finale. Elle est importante, même si l'expéditeur pense que le destinataire, après avoir pris connaissance du contenu de la lettre, prête moins d'attention à la fin.
Elle est très variable suivant la personne à qui l'on écrit, mais on s'attachera à reprendre l'en-tête que l'on a utilisé au début (*Cher Monsieur, Chère Madame,* etc.).

❶ Pièces jointes. Cette indication placée au bas de la page rappelle les documents que vous joignez à votre lettre. Le nom de ces documents est précédé des lettres P.J. (pièces jointes).

*P.J. : 2 justificatifs de domicile (*ou : *1 plan du lieu de l'accident).*

✔ Dans les lettres adressées aux parents et aux amis, les parties ❸, ❹, ❺, ❶. disparaissent. La mention P.-S., c'est à dire *post-scriptum* (écrit après) placée en bas d'une lettre permet de noter, sur deux lignes maximum, un détail oublié.

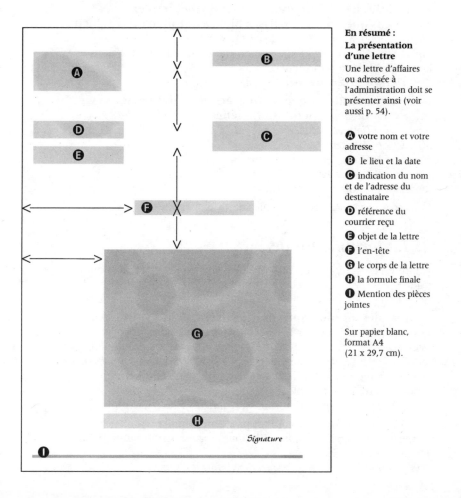

En résumé :
La présentation d'une lettre

Une lettre d'affaires ou adressée à l'administration doit se présenter ainsi (voir aussi p. 54).

❶ votre nom et votre adresse

❸ le lieu et la date

❸ indication du nom et de l'adresse du destinataire

❹ référence du courrier reçu

❺ objet de la lettre

❻ l'en-tête

❼ le corps de la lettre

❽ la formule finale

❶ Mention des pièces jointes

Sur papier blanc, format A4 (21 x 29,7 cm).

6 L'en-tête

• **Formules les plus courantes quand vous connaissez
peu ou pas les personnes à qui vous écrivez :**
Madame, Monsieur, Mademoiselle, Messieurs, etc.
Cher collègue, chère collègue (quand vous écrivez à des personnes qui
exercent le même métier que vous).

• **Formules les plus courantes quand vous écrivez
à des gens que vous connaissez bien, assez bien ou très bien :**
Cher(e) ami(e), Mon cher ami, Ma chère amie.
Cher Leduc, Mon cher Leduc (à un homme uniquement et le nom n'est
jamais précédé de Monsieur).
Cher Denis, Ma chère Anne-Sophie, Ma chère tante.

• **Formules utilisées quand vous écrivez à des personnes
qui exercent des fonctions officielles :**
Monsieur le Directeur, Madame la Directrice,
Monsieur le Président,
Monsieur le Maire, Madame le Maire,
Monsieur l'Abbé, le Rabbin, l'Imam, etc.
Maître (à un notaire, un avocat)

Vous trouverez d'autres exemples dans le chapitre 4.

7 La formule finale

Comme l'en-tête, elle est très variable suivant la personne à qui on
s'adresse. Mais on s'attachera à rappeler la mention utilisée au début
de la lettre.

• **Formules les plus courantes utilisées quand vous
connaissez peu ou pas les personnes à qui vous écrivez :**
Veuillez agréer, Madame, Monsieur, l'expression de ma considération distinguée.
Veuillez agréer, Madame, Monsieur, l'expression de mes sentiments distingués.
Seul un homme peut utiliser cette formule. Une femme n'envoie
jamais ses sentiments. Elle écrira :
Veuillez agréer / accepter, Monsieur, mes salutations distinguées.

✔ À une femme qu'il ne connaît pas, un homme écrira :
Je vous prie d'accepter, Madame, l'hommage de mes sentiments respectueux .
Une femme écrira :
Recevez, Madame, l'expression de mes sentiments distingués.

• Formules utilisées quand vous connaissez assez bien les personnes à qui vous écrivez

À un homme qu'il connaît, un homme écrira :
Veuillez croire, cher Monsieur, en mon meilleur souvenir.

Une femme écrira :
Acceptez, Monsieur, mes cordiales salutations.

À une femme qu'il connaît, un homme écrira :
Acceptez, chère Madame, mes salutations les plus cordiales.

Une femme écrira :
Je vous prie d'accepter, Madame, l'expression de mes meilleurs sentiments.

• Formules utilisées quand vous écrivez à quelqu'un qui exerce une fonction officielle :

D'une façon générale, à un personnage supérieur, on écrira :
Veuillez agréer, Monsieur, / Madame, l'assurance de ma profonde gratitude.
Je vous prie d'accepter, Monsieur, / Madame, l'assurance de mes sentiments respectueux.
Daignez agréer, Monsieur, l'expression de mes sentiments les plus distingués.
Et si ce personnage est une femme, un homme écrira :
Je vous prie d'accepter, Madame, l'hommage de mon profond respect.

• Si vous écrivez à des amis, les formules les plus courantes sont :

Amicalement, Bien amicalement,
Amitiés, En toute amitié,
Cordialement, Bien cordialement.
Recevez / Reçois, cher ami, mes sentiments très cordiaux.

L'usage est des vouvoyer les personnes que l'on ne connaît pas très bien et de tutoyer celles avec qui on est très intime.

• Aux parents, aux amis proches :

1. *Bons baisers,*
2. *Avec mes très affectueuses pensées,*
3. *Très amicalement,*
4. *De tout cœur,*
5. *Avec toute mon affection,*
6. *Très fidèles pensées,*
7. *Avec mon très fidèle souvenir,*
8. *Bien à vous,*
9. *Je vous / t'embrasse*
10. *Grosses bises !*

À VOUS !

Classez ces formules du plus familier au moins familier.

LES CARTES

1 *Les cartes de visite*

Elles sont très utiles car elles permettent, en quelques mots, de
correspondre avec quelqu'un. Elles servent
à inviter, à répondre
à une invitation, à remercier, à accuser
réception d'un envoi,
à exprimer des vœux, des souhaits, des
regrets,
à demander un renseignement, etc.

Le format. Il y a deux modèles :
128 x 82 mm avec des enveloppes
140 x 90 mm acceptées par la Poste et
93 x 52 pour donner son nom et
son adresse, voire écrire quelques mots.

Le caractère. Question de goût, bien sûr. Sachez
que votre carte de visite doit être très lisible (voir
les exemples ci-contre).

L'encre. C'est toujours le noir… On peut vous
proposer une impression en relief mais c'est
plus cher.

Le texte. Pour un homme, une jeune fille, un
jeune homme : le prénom est suivi du nom (et non
l'inverse).
Pour une femme, sur une carte à usage personnel,
on écrira : Madame + prénom et nom. Sur une carte
à usage professionnel, on trouvera le prénom
suivi du nom.
Un couple fera imprimer : M et Mme + prénom et
nom du mari.

écriture bâton

Madame Jean Bon

4, rue Rocou   92 340 Bourg-la-Reine

écriture anglaise

Madame Jean Bon

4, rue Rocou   92 340 Bourg-la-Reine

écriture fantaisie

Madame Jean Bon

4, rue Rocou   92 340 Bourg-la-Rein

Sur les cartes grand modèle, on fait figurer l'adresse mais pas
obligatoirement le n° de téléphone (que l'on peut ajouter en fonction
de la personne à qui on s'adresse).

Votre carte de visite est prête.
Alors écrivez ! Mais attention :
Vous devez écrire en employant la 3e personne.
Vous ne signez pas.
Vous ne mettez pas la date.

2 *Les cartes postales*

On ne les envoie qu'aux proches (famille, amis)
généralement quand on est en vacances ou en voyage.
Quand vous achetez des cartes postales, pensez aux
personnes à qui vous allez les adresser. Essayez de
trouver la carte qui fera plaisir à chacun.

Conseils

✔ Efforcez-vous de choisir des cartes postales récentes
pour éviter d'en adresser une déjà envoyée.

✔ Évitez les cartes postales dites « humoristiques »
qui ne sont pas toujours du meilleur goût…

✔ Si vous n'utilisez pas d'enveloppe, rappelez-vous que
seule la partie de gauche est réservée à la correspondance
(la partie droite comprend l'adresse et l'affranchissement).
Mais ce n'est pas une raison pour écrire une sorte de
télégramme.
Évitez aussi les banalités : *je vais bien, il fait beau*, etc.
Ou alors dîtes-le de façon originale et amusante !

✔ L'envoi d'une carte postale c'est aussi l'occasion de faire
apprécier sa façon d'écrire, de rappeler un trait de son
caractère.

✔ Si vous écrivez à une personne d'un certain âge, mettez
la carte sous enveloppe (il y a un peu plus de place pour la
correspondance). Dans tous les cas, n'oubliez pas de signer
de façon très lisible.

La carte postale a eu du
mal à devenir populaire.
Pensez-donc ! Les
correspondances qui
étaient fermées,
cachetées, deviennent
lisibles par tout le
monde !

UNE IDÉE ?

Si vous avez du temps, si
vous savez dessiner,
pourquoi ne pas réaliser
vous-même votre carte
postale ?
Les papiers Canson
proposent du papier à
dessin prévu à cet effet.

À VOUS !

**D'où vient la
carte ?**

ɘibnɒmɿoN
lǝdɔiM-tniɒƧ tnoM uꓷ

Photo Hachette

Le 31/12/96

Mon cher Jean-Louis,

S'il te plaît, ne regarde
pas tout de suite la photo qui
est derrière. Devine!

C'est un des lieux les
plus visités de France. Il se
trouve en Normandie mais la
Bretagne est toute proche. C'est
un mont (de 85m) mais c'est
aussi une île. Il y a une abbaye
un monastère, une église et de
vieilles maisons protégées par des
fortifications. Tu as trouvé?
C'est le ____ ____ _____;

Reçois mon très amical
salut... et Bonne Année 97! Jacq

Monsieur Jean-Louis DELMAS

Étudiant

15, rue de Brazzaville

75015 PARIS

2

COMMENT TROUVER UN MODÈLE DE LETTRE ?

En lisant le premier chapitre, Avant de prendre la plume, *vous avez fait le point sur de nombreuses questions.* Maintenant, il s'agit de trouver le modèle qui conviendra le mieux pour écrire votre lettre. Comment le repérer parmi les exemples ?
C'est très simple. Cherchez ci-dessous le modèle qui vous intéresse.
Ces types de lettre sont classés en fonction de leur objet.

LA CORRESPONDANCE PRIVÉE

LE COURRIER D'AFFAIRES

3

LA CORRESPONDANCE PRIVÉE

▮ *Demander des nouvelles de quelqu'un*

┌─ ─ ─ ─ ─ ─ ─ ─ ┐
│ Lieu et date │
└─ ─ ─ ─ ─ ─ ─ ─ ┘

Chers amis,

1 ENTRÉE EN
MATIÈRE

Notre dernière lettre, expédiée de Bretagne il y a de cela deux mois, est restée sans réponse ... **1**

2 OBJET DE
LA LETTRE

Que devenez-vous ? Pourquoi ce grand silence ? Nous nous posons beaucoup de questions. **2**

[...]

Quant à nous, nous sommes tous en bonne santé même si parfois la vie quotidienne est un peu dure. Les enfants se réjouissent à l'approche des vacances (aurons-nous le plaisir de nous rencontrer ?

Rassurez-nous vite. Nous attendons avec impatience votre prochain courrier.

3 FORMULE
FINALE

Affectueuses pensées. **3**

┌─ ─ ─ ─ ─ ─ ─ ┐
│ Signature │
└─ ─ ─ ─ ─ ─ ─ ┘

Variantes

• **1** *Nous avons eu de vos nouvelles par des amis communs, les Drevet... Mais cela va faire bientôt deux mois.* **2** *Nous aimerions bien savoir ce que vous devenez ...* **3** *Très amicalement.*

• **1** *Lors de notre dernier appel, tu avais promis de nous écrire (longuement !) pour nous dire ...* **2** *comment se passe ta vie à Montréal. Nous sommes inquiets de n'avoir pas encore reçu cette lettre. Nous voulons espérer que tout va bien pour toi et que très vite, nous serons rassurés...* **3** *Reçois nos affectueuses pensées.*

À VOUS !

Sur ce schéma, écrivez une lettre.

2 *Demander à une amie d'être le témoin de son mariage*

Chère Laetitia,

C'est enfin décidé depuis quelques jours : Roland et moi, nous nous marierons le samedi 5 juillet. Nous avons longtemps hésité... Mais maintenant, nous sommes sûrs de nous. Pourquoi remettre à plus tard le projet de fonder une famille ?

Alors je m'adresse à toi, ma chère Laetitia, pour te charger d'une grande responsabilité : être mon témoin en cette belle journée de juillet. Et j'espère vivement que ta réponse sera positive.

Reçois, chère Laetitia, toute mon amitié,

Sylvie

Réponse positive de l'amie

Chère Sylvie,

Quelle bonne nouvelle ! Ainsi, le grand moment est arrivé... J'attendais depuis longtemps cette missive et tu peux imaginer ma joie. C'est avec un très grand plaisir que j'accepte d'être ton témoin. Je suis touchée que tu aies pensé à moi.

Je me propose de vous rencontrer tous les deux très prochainement pour mettre au point tous les détails pour la cérémonie.

Je t'embrasse,

Laetitia

Réponse négative de l'amie

Chère Sylvie

Tout d'abord, tous mes compliments pour la décision que vous venez de prendre tous les deux.

Je suis vraiment touchée que tu aies pensé à moi pour être ton témoin... Malheureusement, et cela m'attriste beaucoup, je ne pourrai pas être à vos côtés le jour de votre mariage car je serai en stage en Allemagne, précisément cette semaine de juillet.

Vous pouvez être sûrs que je serai en pensée avec vous, avec ta famille. J'espère que vous ne me tiendrez pas rigueur de ce refus bien indépendant de ma volonté.

Je t'embrasse très affectueusement.

Laetitia

▶ *Demander à quelqu'un de l'accompagner*

• *J'ai été invitée à une soirée dansante organisée par les jeunes du village voisin. Je voudrais bien y aller mais je ne connais personne. Fais-moi plaisir : viens avec moi !*

3 *Demander un service*

▶ *Rechercher un correspondant*

Un jeune homme écrit à un adulte.

Monsieur,

Lieu et date

ENTRÉE EN MATIÈRE

Roland Mourier, le père d'un de mes amis m'a donné votre adresse en me disant que je pouvais vous écrire pour vous demander un service.

OBJET DE LA LETTRE

J'ai dix-sept ans et dans ma classe je suis des cours de français depuis un peu plus de deux ans. Cette langue me plaît beaucoup mais j'ai quelques difficultés pour la pratiquer de manière régulière. Je me rends le plus souvent possible au Centre culturel français où il y a beaucoup de livres intéressants. Mais cela ne remplace pas le contact direct avec quelqu'un, un Français (ou une Française) avec qui je pourrais correspondre. J'aurais pour ma part beaucoup de choses de mon pays à faire découvrir.

Trouver un correspondant me permettrait d'avoir des renseignements sur la vie en France, où j'espère me rendre un jour (j'aimerais bien devenir professeur de français plus tard).

Ce serait une grande joie pour moi si ce projet, grâce à vous, pouvait se réaliser.

FORMULE DE POLITESSE

Vous remerciant par avance de l'aide que vous pourriez m'apporter, je vous prie d'agréer, Monsieur, l'expression de mes sentiments respectueux.

Signature

4 *Demander un service, un appui*

▶ *Rechercher un logement*

L'entrée en matière
1… un parent, un ami connus de l'expéditeur et du destinataire.

L'objet de la lettre
2… un studio, un deux pièces, un grand appartement, etc., d'un prix abordable, etc.

L'aide demandée
3… m'indiquer à qui m'adresser, me faire savoir comment procéder, intercéder en ma faveur auprès de…, etc.

L'expéditeur

Lieu et date

Cher(e) M………

Toutes les démarches que j'ai pu faire jusqu'à présent n'ayant pas abouti, je me permets de faire appel à vous. sur les conseils de … **1**

Je recherche **2** …………………………………………
……………………………………………………………
……………………………………………………………

Si par chance, vous pouviez **3** ……………………,
il est possible de me joindre le soir en appelant ……

Avec mes remerciements anticipés, je vous prie d'agréer, M………, l'expression de mes sentiments reconnaissants.

Signature

5 *Demander un service*

▶ *Remplacer quelqu'un*

> Ma chère Estelle,
> J'avais envie de te téléphoner… finalement, je préfère t'adresser un mot pour que tu puisses prendre le temps de réfléchir à ma proposition.
> Voilà ! J'avais été retenue comme monitrice dans une colonie de vacances qui a lieu dans le Vercors (département de l'Isère) du 2 au 27 juillet.
> Je me faisais une joie d'occuper de cette façon mon premier mois de vacances, mais voilà qu'on vient de me faire une proposition « des plus intéressantes ». Un ami de mon père organise une exposition de tableaux à Londres et a besoin, en juillet, d'une hôtesse connaissant parfaitement l'anglais. J'ai beaucoup hésité et finalement, j'ai pensé que c'était une occasion à ne pas manquer. Serais-tu libre à cette période ? Serais-tu décidée à me remplacer à la colonie ? Les enfants de 10/12 ans viennent de la région parisienne et je puis ajouter, pour te décider, que le Vercors est une merveilleuse région, tout près de Grenoble.
> J'attends avec impatience ta réponse, ma chère Estelle, qui sera, j'espère, un accord.
> Je t'embrasse,
>
>   Valérie

Autre thème avec variantes

▶ *Demander à quelqu'un de se déplacer*

• *Ne pouvant aller à … dimanche prochain, pouvez-vous (Pourriez-vous… ? Vous serait-il possible de… ?) me rendre un grand service ?*

• *Nous avons dû partir en province plus tôt que prévu … et je n'ai pu régler tous les problèmes en cours. En particulier, l'expédition de la lettre trimestrielle de notre association. Serais-tu disposé(e) à …(Te serait-il possible de… ? Penses-tu que tu pourrais… ?) prendre contact avec … pour réaliser l'expédition ?*

6 *Féliciter pour une nomination*

▶ *... un ami, une amie*

Cher ami,

Ma femme et moi venons d'apprendre ta nomination comme rédacteur en chef de la revue *Artographic*. Nous avons été très heureux d'apprendre cette nouvelle et te félicitons chaleureusement. C'est un magnifique succès.

Avec nos compliments renouvelés, reçois, cher ami, l'expression de nos sentiments amicaux.

Pierre

▶ *... un copain, une copine*

Ma chère Sylvie,

Bravo !...Je viens d'apprendre que tu as trouvé une place au Service des Douanes... Comme tu dois être contente ! Quand commences-tu ?... Et dans quelle ville es-tu nommée ? Tiens-moi au courant dès que possible.

Toutes mes félicitations et tous mes vœux pour ton entrée dans la vie professionnelle.

Je t'embrasse très affectueusement,

Jacques.

▶ *... un supérieur*

Monsieur l'Inspecteur général,

C'est avec une grande joie que nous avons appris ... **1** ...

En mon nom et en celui de tous les employés du service Promotion des Ventes, je me permets de vous adresser nos très sincères félicitations.

Cette ... **2** ... rend hommage à ... **3** ...

Veuillez agréer, Monsieur l'Inspecteur général, l'expression de notre respectueux dévouement.

1 ... votre nomination au poste d'Inspecteur général, votre nomination au grade de Chevalier de la Légion d'honneur, ...

2 ... promotion, haute distinction, ...

3 ... vos qualités professionnelles, votre réussite au sein de notre société, ...

7 Réclamer

▶ **un objet prêté**

… *de façon polie*

Cher Pierre,

Voilà deux mois que je ne t'ai pas écrit. Il faut dire que j'ai été très occupée : nous venons de déménager… Tu imagines, en pleine période scolaire, sans compter les kilomètres que je fais tous les jours… Bref…

Une autre raison me pousse à t'envoyer ce mot… Je t'avais prêté, au début de l'année, un livre : « Les plus belles promenades en Rhône-Alpes ». Je pense que tu as eu le temps de le lire… et de le relire ! et j'en ai maintenant besoin. Mes parents ont décidé de louer un deux pièces à 15 km de Grenoble. Ce livre nous sera alors très utile. Je te remercie par avance de me le renvoyer le plus vite possible.

J'espère que tout va bien pour toi et les tiens. J'attends de tes nouvelles. Pourquoi ne pas venir passer quelques jours avec nous cet été ?

Je t'embrasse,

Claude.

… *de façon plus directe*

Cher Pierre,

Pardonne-moi ce mot très bref (Je n'ai pu te joindre au téléphone.)

Je t'ai prêté, il y a maintenant cinq mois de cela, un livre (« Les plus belles promenades en Rhône-Alpes ») que je t'ai déjà réclamé. Tu t'en souviens, j'espère ? Tu as eu le temps maintenant de le lire… et le relire !

Nous en avons besoin : cet été, nous allons passer un mois dans la région de Grenoble et voulons profiter de tous les renseignements donnés dans ce superbe ouvrage.

J'attends ton envoi par retour du courrier. Je compte sur toi.

Bien à toi

Claude

P.S. J'espère que tout va bien pour toi et ta famille.

Remarque : si vous n'êtes pas très intime avec le destinataire, vous emploierez le « vous » et non le « tu » : *Voilà deux mois que je ne vous ai pas écrit … Pardonnez-moi ce mot très bref …*

8 Remercier pour l'envoi d'un cadeau

▶ ... lettre à un ami

Cher Raymond,

Quelle agréable surprise ce matin... Neuf heures, on sonne ! C'est la factrice qui me tend un paquet, un énorme paquet que j'ouvre immédiatement.

Je vois que tu me connais bien : tous les livres que tu as sélectionnés vont beaucoup m'intéresser. Que d'heures de plaisir en perspective ... ! Je crois bien que je vais devenir un peu insomniaque...

Comment te remercier, mon cher Raymond ? Je suis vraiment comblée et je puis te dire que je vais me souvenir longtemps de cet anniversaire.

En attendant de te revoir très prochainement, reçois, cher Raymond, toutes mes amitiés,

Anne

▶ ... lettre à un parent

Cher Papi,

Je viens de recevoir à l'instant ton cadeau pour mes douze ans. Rien ne pouvait me faire plus plaisir : une montre extraordinaire qui passe toute seule de l'heure d'été à l'heure d'hiver. Je vais épater tous mes copains.

Je te remercie encore et je t'embrasse de tout mon cœur.

Jean-Philippe

▶ ... carte à un supérieur

MICHEL LAMBART

Très sensible à votre témoignage d'amitié à l'occasion de son départ de la société, vous adresse, avec ses sincères remerciements, l'expression de ses respectueux sentiments.

9 *Remercier après une invitation*

On remercie les proches par téléphone. C'est bien aussi de le faire en adressant une carte de visite ou une lettre aimable.

Le saviez-vous ? La lettre de remerciements après une invitation porte un nom curieux : « la lettre de château ». Et si vous trouviez un nom pour la lettre de réclamation ?

> *Chers Amis,*
>
> *Nous voilà rentrés depuis hier soir dans la grisaille parisienne... après un très agréable séjour auprès de vous dans ce beau département des Charentes.*
>
> *Vous nous avez comblés. Quel accueil chaleureux dans votre charmante demeure ! Quelles délicates attentions pour nous faire plaisir ! Soyez assurés que nous garderons le meilleur souvenir de cette halte auprès de vous en cette fin d'août. Tout était parfait. Nous espérons seulement que tous ces préparatifs pour nous recevoir de si belle façon ne vous ont pas trop fatigués...*
>
> *Mon mari se joint à moi pour vous remercier très chaleureusement et vous adresser à tous les deux notre meilleur souvenir.*
>
> *Gisèle*
>
> *P.S. Les travaux dans le vieux moulin en Ardèche vont commencer dès le printemps : dites-nous vite que vous nous ferez la joie d'être les premiers invités !*

Des mots à dire...

• *Vous ne pouvez imaginer à quel point votre invitation nous a touchés... Quel accueil !*

• *Nous revenons absolument enchantés de ce séjour imprévu passé auprès de vous... Vous avez pensé à tout.*

• *Comment vous dire toute la joie que nous avons eue à passer ces deux jours en votre compagnie ?*

• *Il y a fort longtemps que nous n'avions pas eu l'occasion d'effectuer un séjour aussi agréable. Comment vous remercier ?*

10 *Reprendre contact*

▶ *à l'occasion d'un envoi*

ENTRÉE EN MATIÈRE

> Chers amis,
>
> Si mes souvenirs sont bons, le dernier contact entre nous remonte à plus de trois ans… (ce devait être un échange de cartes de vœux de Nouvel An).

OBJET DE LA LETTRE

> Après ce long silence, voici qu'un (petit) événement me donne l'occasion de vous écrire. Je suis très heureux, chers amis, de vous adresser, sous ce pli, l'ouvrage que je viens de réaliser pour les éditions Hachette, La Correspondance facile. J'ose espérer que vous découvrirez ce petit livre avec plaisir. Lisez tout : il y a dedans une lettre qui vous touche de près !

VARIANTES PERSONNELLES

> Donnez-nous vite de vos nouvelles, et de bonnes nouvelles ! Quant à nous, nous avons pratiquement décidé de passer cet été une quinzaine de jours dans votre région. Nous vous préviendrons, naturellement.
>
> Dans l'attente de vous lire… et de vous rencontrer, nous vous adressons, Gisèle et moi, notre meilleur souvenir et nos affectueuses pensées.
>
> Jacques

Autres variantes personnelles

• *Savez-vous qu'il y a du nouveau dans la famille ? Mon fils va se marier. Voilà une bonne raison de venir nous rendre visite pour rencontrer sa future femme.*

• *Il y a bien longtemps que vous n'êtes pas venus dans la région. Vous allez faire des découvertes : une bibliothèque toute neuve, le bois communal enfin aménagé, sans oublier…*

Autres occasions de reprise de contact

– une naissance dans la famille,
– un mariage,
– la réussite à un examen,
– la nomination dans une autre région,
– la réception d'une décoration,
– la parution d'un article dans un journal, etc.

Lettres d'écrivains

Ce ne sont pas là des modèles… mais il est intéressant de découvrir quelques lettres écrites par des personnages qui ont laissé un nom dans l'histoire.

On commença à parler des lettres de Madame de Sévigné près de trente ans après sa mort. Elles sont considérées aujourd'hui comme les plus belles de la littérature française du XVIIe siècle. Une victoire sur le temps pour cette femme cultivée qui trouvait dans la correspondance qu'elle ne pensait pas publier un moyen d'être proche des destinataires et notamment de sa fille, Madame de Grignan.

AUX ROCHERS, MERCREDI 19 AVRIL [1690]

Je reviens encore à vous, ma bonne, pour vous dire que si vous avez envie de savoir en détail ce que c'est qu'un printemps, il faut venir à moi. Je n'en connaissais moi-même que la superficie[1] ; j'en examine cette année jusqu'aux premiers petits commencements. Que pensez-vous donc que ce soit que la couleur des arbres depuis huit jours ? Répondez. Vous allez dire : « Du vert. » Point du tout, c'est du rouge. Ce sont de petits boutons tout prêts à partir, qui font un vrai rouge, et puis ils poussent tous une petite feuille, et comme c'est inégalement, cela fait un mélange trop joli de vert et de rouge. Nous couvons tout cela des yeux. Nous parions de grosses sommes – mais c'est à ne jamais payer – que ce bout d'allée sera tout vert dans deux heures. On dit que non. On parie. Les charmes ont leur manière, les hêtres une autre. Enfin, je sais sur cela tout ce que l'on peut savoir.

1. ce qu'on voit de loin, sans s'attarder.

Marquise de Sévigné
Née à Paris en 1626, morte à Grignan (Drôme) en 1696.

Stendhal envoie une lettre à sa sœur Pauline pour lui demander de ses nouvelles. Pourquoi n'écrit-elle pas ? Il lui donne de précieux conseils pour faire sa correspondance.

Paris, le 10 avril 1800

Je ne conçois rien à ton silence, ma chère Pauline. Quelles sont donc les occupations qui peuvent t'empêcher de m'écrire ? Je croirais que c'est la danse, si nous n'étions pas en carême. Mais je te parie une chose : tu t'imagines qu'il faut préparer ta lettre et en faire le brouillon ; c'est la plus sotte manie qu'on puisse avoir, car, pour avoir un bon style épistolaire, il faut écrire exactement ce qu'on dirait à la personne si on la voyait, ayant soin de ne pas écrire des répétitions auxquelles l'accent de la voix ou le geste pourraient donner quelque prix en conversation.[…]

Rappelle-toi toujours que quand je t'interroge, c'est ton sentiment que je te demande et non pas ce que tout le monde dit. Si tes idées se brouillent, prends ma lettre et réponds-moi article par article, en t'interrompant toi-même et écrivant ton jugement sur la chose. Je t'embrasse. Adieu. Des compliments à tout le monde.

Stendhal
Né à Grenoble en 1783, mort à Paris en 1842.
Le Rouge et le Noir, La Chartreuse de Parme, etc.

Lettres d'écrivains

Le peintre hollandais Vincent van Gogh a écrit plus de six-cents lettres pendant dix-huit ans (à part le temps d'une petite brouille) à son frère Théo. La première date d'août 1872, la dernière de juillet 1892. Écrire lui apparaît nécessaire et indispensable. Toutes ses lettres expriment la difficulté de vivre.

La Haye, le 22 juin 1882

Je ne t'ai pas encore répondu parce que j'ignorais quelle tournure allait prendre ma maladie ; je ne m'en remets pas aussi vite que le médecin l'espérait. Je suis ici depuis une quinzaine de jours déjà, et j'ai dû payer à nouveau deux semaines d'avance, bien qu'il soit possible que je quitte l'hôpital dans huit ou dix jours, si tout va bien. Le cas échéant, on me remboursera une partie de l'argent. Ce matin, j'ai bavardé avec le médecin et je lui ai demandé si un accident était venu aggraver mon cas. Non, me répondit-il, mais vous devez vous reposer et demeurer ici en attendant la suite. Je t'assure qu'il me tarde, plus que je puis te dire, de revoir un peu de verdure et de respirer à nouveau l'air libre, car cette situation me ramollit et me lasse. Je dois rester presque tout le temps immobile, j'ai déjà essayé de dessiner, mais cela ne va pas. Lire, oui, mais je n'ai plus de livres. Bah, cela prendra fin un jour, il s'agit de patienter !

Vincent van Gogh
Né à Groot-Zundert en 1853, mort à Auvers-sur-Oise en 1892. Sa dernière toile : « Le champ de blé aux corbeaux ».

Vincent Van Gogh, *Lettres à Théo*, coll. L'Imaginaire, © Éditions Gallimard, 1956.

Franz Kafka est un écrivain tchèque de langue allemande. Pour lui, la vie est un combat perdu d'avance (il est malade, en désaccord avec sa famille ; il n'arrive pas à terminer ses œuvres et cinq fois, sans succès, il essaiera de se marier). Voici une de ses lettres à Félice Bauer avec qui il a été fiancé deux fois.

29 décembre 1912

Ma chère bienfaitrice, ainsi j'ai quand même une lettre, et une si belle encore, belle au-delà de toute mesure. Quand on a sonné à 10 h 1/2 – ce ne pouvait guère être que le facteur –, j'étais derrière la porte vitrée de ma chambre à tâcher de me consoler par avance : « Il n'y aura pas de lettre, me disais-je, comment aurais-je encore une lettre aujourd'hui, Félice ne peut pourtant pas écrire jusqu'à en tomber malade. Il faut absolument que tu prennes patience jusqu'à demain. » Et je tremblais véritablement dans ma détresse.

Chérie, voilà une de ces lettres qui vous chauffent le cœur tant elles donnent de joie calme. On n'y voit pas traîner toutes ces relations et tous ces écrivains…

… j'ai été interrompu, c'était l'après-midi et maintenant il est si tard que je n'ose pas regarder l'heure, je vais me glisser hors de la maison barricadée pour aller à la gare (si mon père et les parents que je n'ai pas vus depuis ce matin savaient cela) et expédier ce chiffon de papier. Pour mon propre repos, je ne veux pas te laisser tout le lundi sans nouvelles du dimanche. Je vais très bien, sauf qu'on m'a volé mon temps ; et comment pourrais-je mal aller tant que tu m'aimes. Mais maintenant au galop !

Franz

Franz Kafka
Né à Prague en 1883, mort près de Vienne en 1924.
Le Procès, Le Château.

Franz Kafka, *Lettres à Félice*, © Éditions Gallimard, 1972.

4

LE COURRIER D'AFFAIRES

1 *Commander*

• **La lettre**

1 NOM ET N°
2 ARTICLE À
COMMANDER

Madame, Monsieur,

J'ai lu dans le journal  .... une publicité concernant **2** .... La proposition que vous faites de m'expédier cet article, pour examen, sans obligation d'achat de ma part m'intéresse.

Je vous serais reconnaissant(e) de bien vouloir me le faire parvenir le plus rapidement possible.

Dans cette attente, je vous prie de croire, Monsieur, en l'expression de ma considération distinguée.

• **Le bon de commande**

BON DE COMMANDE PRIORITAIRE

à retourner avec votre réglement à :

VENTADO
24 rue du Vercors
26000 Valence

Pour gagner du temps
passer votre commande par téléphone
04 96 07 38 00
du lundi au vendredi de 8 h à 21 h
le samedi de 9h à 19 h
et 24 h sur 24, 7 jours sur 7
par Minitel : 36 14 VENTA

DÉSIGNATION	RÉFÉRENCE	QUANTITÉ	PRIX UNIT.	PRIX TOTAL
❏ je coche ici pour recevoir mes emballages-cadeau				GRATUIT
MONTANT				
Participation aux frais d'envoi				49 F
TOTAL				

MODE DE RÈGLEMENT

❏ Par chèque bancaire ou postal joint à la commande (les commandes dont le paiement ne serait pas suffisant, seront envoyées contre remboursement pour la différence)

❏ Contre-remboursement et recommandé selon frais de taxe en vigueur au 18/03/96 : 28,00 F par poste et 56,00 F par transporteur.

❏ Par carte bancaire (Visa ou Eurocard) N°

| | | | | | | | | | | | | | | | | | | | Expirant le | | | | |

Téléphone : (obligatoire)

Date :

Signature :

Conseils

Lisez très attentivement ce bon avant de le remplir et, surtout, de le signer. Votre signature, obligatoire, vous engage. Joignez le paiement à la commande et conservez une photocopie du bon de commande et du paiement.

2 *Demander un délai pour rembourser* (un prêt)

• **Raison invoquée : accident**

> Monsieur,
>
> Comme cela avait été convenu, je devais vous rembourser à la fin du mois la dernière partie de ma dette, à savoir 5 000 F plus les intérêts correspondants.
>
> Je ne serai malheureusement pas en mesure de m'acquitter de cette dette à la date prévue. J'ai été victime d'un accident la semaine dernière ce qui a occasionné de nombreux frais qui n'étaient pas prévus…
>
> Je vous serai très reconnaissant(e) de bien vouloir m'accorder un délai de paiement d'un mois. Le 30 novembre, je vous enverrai un chèque de 5 500 F.
>
> Vous remerciant par avance pour votre compréhension et vous priant de m'excuser pour ce retard, je vous prie d'agréer, Monsieur, mes salutations distinguées.

3 *Demander un délai pour payer* (un impôt)

• **Raison invoquée : rentrée d'argent non parvenue**

> Monsieur le Percepteur,
>
> Conformément aux dispositions stipulées dans l'avis d'échéance de mes impôts sur le revenu, vous devez prélever sur mon compte une onzième échéance de 2 404 F le 9 novembre.
>
> Il se trouve que du fait de circonstances imprévues, je risque d'avoir des difficultés financières momentanées pour le mois de novembre. Je devais en effet recevoir ce mois-ci le paiement consécutif à la vente d'un bien familial : par suite de complications administratives, cela ne pourra s'effectuer que le mois prochain.
>
> Dans ces circonstances, je vous demanderais de bien vouloir prélever la moitié de la somme (soit 1 202 F) le 9 novembre et de reporter au 9 décembre le prélèvement restant.
>
> En espérant que vous voudrez bien accueillir favorablement cette proposition, je vous prie d'agréer, Monsieur le Percepteur, avec mes remerciements anticipés, l'assurance de ma considération distinguée.

4 *Demander des documents*

▶ **Un acte d'état-civil** *(la lettre est adressée au maire de la commune où l'on est né[e]).*

> *Monsieur le Maire,*   ⌐ ‾ ‾ ‾ ‾ Date ‾ ‾ ‾ ⌐
>
> *Je vous prie de bien vouloir m'adresser une copie de mon acte de naissance, document qui m'est nécessaire pour le renouvellement de ma carte d'identité. Je suis né(e) le .... dans la commune de ....*
>
> *Avec mes remerciements anticipés, je vous prie d'agréer, Monsieur le Maire, l'expression de ma considération distinguée.*
>
> *P.J. Une enveloppe timbrée à mon adresse.*

Conseils
• Ne pas oublier d'indiquer en haut et à gauche votre nom, vos prénoms et votre adresse complète.

La fiche familiale d'état-civil peut être établie dans n'importe quelle mairie, sur présentation du livret de famille.

▶ **Une carte de séjour**

> ⌐ ‾ ‾ ‾ ‾ Date ‾ ‾ ‾ ⌐
>
> ⌐ ‾ ‾ ‾ ‾ ‾ ‾ ‾ ‾ ‾ ⌐   Préfecture des Hauts-de-Seine
> ¦ Nom et adresse ¦   Centre administratif
> ⌐ ‾ ‾ ‾ ‾ ‾ ‾ ‾ ‾ ‾ ⌐   92100 ANTONY
>
> Monsieur le Préfet,
>
> Sauf erreur de ma part, ma carte de séjour sera périmée à compter du 1er janvier prochain.
>
> Je vous serais très obligé(e) de bien vouloir m'indiquer les formalités à accomplir pour le renouvellement de cette carte et le délai à prévoir pour l'établissement de la nouvelle.
>
> Dans l'attente de votre réponse, je vous prie de bien vouloir agréer, monsieur le Préfet, l'expression de ma haute considération.
>
> P.J. : photocopie de ma carte en cours de validité.

5 *Demander des renseignements*

▶ *Le programme d'une manifestation*

J. Reverdot
Membre n° 00094508

Société des lecteurs du *Monde*
21 bis, rue Claude-Bernard
75242 Paris Cedex 05

Madame,

Dans *Le Monde* daté du jeudi 18 juillet, vous avez évoqué
dans les pages culturelles « Les Nuits de la
Correspondance », qui doivent se tenir au château de
Grignan (Drôme) la première semaine d'août.

LA RÉFÉRENCE

Je suis moi-même très intéressé par(1) tout ce qui a un
rapport avec la correspondance. Vous serait-il possible de
m'adresser le programme de ces Nuits, les conditions
requises pour y assister, etc. ?

LA DEMANDE

Vous remerciant par avance pour votre réponse, je vous
prie d'agréer, Madame, l'expression de mes sentiments
respectueux.

**LA FORMULE
DE POLITESSE**

(1) ***Variantes :*** tout ce qui touche…, tout ce qui a trait à…, tout ce qui se
rapporte à…, tous les renseignements concernant cette manifestation, etc.

▶ *Les conditions d'accès d'un lieu public*

Musée de la Résistance
26240 Vassieux-en-Vercors

Monsieur le Directeur,

Au cours de l'été prochain, nous avons projeté de visiter le musée
de la Résistance qui vient d'être inauguré.

Nous nous déplacerons avec un groupe d'enfants et d'adolescents
dont l'un d'entre eux a des difficultés pour se déplacer et doit utiliser
une chaise roulante. Dans cette perspective, je vous demanderais de
bien vouloir nous indiquer, avec les informations générales, les
conditions d'accès pour les handicapés.

Dans l'attente de votre réponse, je vous prie d'agréer, Monsieur le
Directeur, mes salutations distinguées.

6 *Demander des renseignements*

▶ *Le coût d'un déménagement* (devis)

┌─────────────────┐   ┌──────────────┐
| Nom et adresse | | Lieu et date |
└─────────────────┘   └──────────────┘

Transports DEMENECO

Monsieur le Directeur

Le 1er juillet prochain, je dois déménager de Valence où j'habite actuellement (appartement au 1er étage) dans un pavillon situé à Antony (département des Hauts-de-Seine, soit 600 km environ).

Je joins la liste du mobilier et des objets pour le déménagement et vous demande, par la présente, de bien vouloir m'établir un devis.

Si vous souhaitez avoir des renseignements complémentaires, vous pourrez me joindre soit dans la journée à mon lieu de travail (n° ....), soit le soir à mon domicile (n° ....).

Dans l'attente de votre réponse, veuillez agréer, Monsieur le Directeur, mes salutations distinguées.

┌──────────────┐
| Signature |
└──────────────┘

P.J. Liste des meubles et des objets à déménager.

Conseils

Pour avoir une meilleure idée des prix pratiqués et donc pouvoir comparer, il est conseillé de demander un devis à deux ou trois sociétés de transport.

▶ *Le coût d'une location de vacances*

À noter que dans les grandes villes, on peut adresser la lettre au Syndicat d'initiative ou à l'Office du tourisme. Il n'est pas nécessaire dans ce cas, de joindre un timbre pour la réponse.

┌─────────────────┐   ┌─────────────────┐
│ Nom et adresse │   │ Lieu et date   │
└─────────────────┘   └─────────────────┘

Monsieur le Maire,

J'ai l'intention d'aller passer quinze jours de vacances au mois d'août dans votre région avec ma femme et mes deux enfants.

Nous aimerions louer de préférence une villa, voire un grand appartement, dans un quartier calme de la ville.

Pour prendre notre décision assez vite, je vous serais très obligé(e) de bien vouloir me faire parvenir la liste des locations avec les prix, le nombre de pièces, etc.

Vous remerciant par avance pour les renseignements que vous voudrez bien nous adresser, je vous prie d'agréer, Monsieur le Maire, mes salutations distinguées.

┌─────────────────┐
│   Signature   │
└─────────────────┘

P.J. Un timbre pour la réponse.

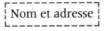

▶ *Demander une adresse, le titre d'un livre, etc.*

Mme Yô Anan   Tokyo le 12 décembre 1996
Professeur de français
3-12 Minami Ogibuko   Monsieur Jacques Verdol
406 Suginami-Ku   Professeur de français
Tokyo   Japon   F. 07250 Rompon

   Monsieur, cher Collègue,

   Je me permets de m'adresser à vous pour solliciter un
renseignement que je n'arrive pas à trouver.

   Depuis quatre ans, je consacre une partie de mon temps à
enseigner le français et j'aimerais pouvoir entrer en liaison
avec des associations françaises qui s'intéressent à
l'enseignement du français. Je crois savoir qu'il existe un
ouvrage qui les regroupe. Vous serait-il possible de
m'indiquer le titre ainsi que le nom et l'adresse de l'éditeur de
cet ouvrage ?

   Dans l'attente de votre réponse, avec mes remerciements
anticipés, je vous prie d'agréer, Monsieur et cher Collègue,
l'expression de mes sentiments distingués.

P.S. Par la même occasion, vous serait-il possible de
m'indiquer où je pourrais trouver le guide qui donne la liste
des centres de français langue étrangère en France ? Merci
encore.

Réponse : voir p. 49.

7 *Demander un témoignage*

▶ *La lettre de demande*

┌─────────────────┐   ┌─────────────────┐
│ Nom et adresse │   │ Lieu et date │
└─────────────────┘   └─────────────────┘

Madame,

Vous étiez présente le 17 mars quand est survenu l'accident de voiture au carrefour de la Paix (croisement de la N 20 et de la N188) entre une Fiat Uno grise et ma voiture, une 505 Peugeot blanche. Vous aviez bien voulu me communiquer vos nom et adresse pour faire appel à vous en cas de besoin.

Ma compagnie d'assurances, du fait qu'il y a eu dans cet accident un blessé grave, me demande votre témoignage. Comme vous avez pu l'observer, j'étais à l'arrêt au 3e feu tricolore. Et l'automobiliste qui a causé l'accident a « brûlé » un premier feu rouge, puis un deuxième avant de venir heurter une première voiture, puis la mienne.

Votre témoignage me sera très précieux pour préciser les circonstances de l'accident auprès de ma compagnie. Je vous remercie de donner tous les détails nécessaires, le plus précisément possible.

Vous remerciant par avance pour votre aide, je vous prie d'accepter, Madame, mes salutations distinguées.

┌─────────────────┐
│ Signature │
└─────────────────┘

▶ *La réponse*

Je soussignée, AUBERT Simone, née le …, demeurant à …, atteste sur l'honneur avoir été le témoin de l'accident survenu le 17 mars à 17h35 au carrefour de la Paix, sur la nationale 20, dans la commune de Massy (Essonne).

J'étais à pied et attendais le feu vert du passage piétons lorsque j'ai vu surgir sur ma droite une Fiat Uno grise roulant à vive allure. Elle ne s'est pas arrêtée au premier feu rouge, ni au second, le conducteur étant en train de discuter avec sa passagère. C'est alors qu'il a heurté une première voiture, une Renault 5 verte, arrêtée au 3e feu rouge. Il a donné un violent coup de frein et a ensuite heurté une deuxième voiture, une Peugeot 505 blanche, arrêtée elle aussi au 3e feu rouge.

Un jeune homme, blessé à la tête, est sorti avec difficulté de la Renault 5. Des dégâts importants ont été constatés sur les trois voitures, notamment l'arrière gauche de la voiture Peugeot.

Fait à Crosnes, le 20 mars.

┌─────────────────┐
│ Signature │
└─────────────────┘

constat amiable d'accident automobile

Ne constitue pas une reconnaissance de responsabilité, mais un relevé des identités et des faits, servant à l'accélération du règlement

à signer obligatoirement par les DEUX conducteurs

1. date de l'accident: heure	2. lieu (pays, n° dépt, localité)	3. blessé(s) même léger(s) non ☐ oui ☐ *
4. dégâts matériels autres qu'aux véhicules A et B non ☐ oui ☐ *	5. témoins noms, adresses et tél. (à souligner s'il s'agit d'un passager de A ou B)	

véhicule A

6. assuré souscripteur (voir attest. d'assur.)

Nom (majusc.) _____

Prénom _____

Adresse (rue et n°) _____

Localité (et c. postal) _____

N° tél. (de 9 h. à 17 h.) _____

L'Assuré peut-il récupérer la T.V.A. afférente au véhicule? non ☐ oui ☐

7. véhicule

Marque, type _____

N° d'immatr. (ou de moteur) _____

8. sté d'assurance

N° de contrat _____

Agence (ou bureau ou courtier) _____

N° de carte verte (Pour les étrangers) _____

Attestation d'ass. ou carte verte } valable jusqu'au _____

Les dégâts matériels du véhicule sont-ils assurés? non ☐ oui ☐

9. conducteur (voir permis de conduire)

Nom (majusc.) _____

Prénom _____

Adresse _____

Permis de conduire n° _____

catégorie (A, B, ...) __ délivré par _____

le _____

permis valable du _____ au _____
(Pour les catégories C, C₁, D, E, F et les taxis)

10. Indiquer par une flèche (→) le point de choc initial

11. dégâts apparents

12. circonstances

Mettre une croix (x) dans chacune des cases utiles pour préciser le croquis.

1	en stationnement	1
2	quittait un stationnement	2
3	prenait un stationnement	3
4	sortait d'un parking, d'un lieu privé, d'un chemin de terre	4
5	s'engageait dans un parking, un lieu privé, un chemin de terre	5
6	s'engageait sur une place à sens giratoire	6
7	roulait sur une place à sens giratoire	7
8	heurtait l'arrière de l'autre véhicule qui roulait dans le même sens et sur la même file	8
9	roulait dans le même sens et sur une file différente	9
10	changeait de file	10
11	doublait	11
12	virait à droite	12
13	virait à gauche	13
14	reculait	14
15	empiétait sur la partie de chaussée réservée à la circulation en sens inverse	15
16	venait de droite (dans un carrefour)	16
17	n'avait pas observé un signal de priorité	17

◄ indiquer le nombre de cases marquées d'une croix ►

13. croquis de l'accident

Préciser : 1. le tracé des voies - 2. la direction (par des flèches) des véhicules A, B - 3. leur position au moment du choc - 4. les signaux routiers - 5. le nom des rues (ou routes)

véhicule B

6. assuré souscripteur (voir attest. d'assur.)

Nom (majusc.) _____

Prénom _____

Adresse (rue et n°) _____

Localité (et c. postal) _____

N° tél. (de 9 h. à 17 h.) _____

L'Assuré peut-il récupérer la T.V.A. afférente au véhicule? non ☐ oui ☐

7. véhicule

Marque, type _____

N° d'immatr. (ou du moteur) _____

8. sté d'assurance

N° de contrat _____

Agence (ou bureau ou courtier) _____

N° de carte verte (Pour les étrangers) _____

Attestation d'ass. ou carte verte } valable jusqu'au _____

Les dégâts matériels du véhicule sont-ils assurés? non ☐ oui ☐

9. conducteur (voir permis de conduire)

Nom (majusc.) _____

Prénom _____

Adresse _____

Permis de conduire n° _____

catégorie (A, B, ...) __ délivré par _____

le _____

permis valable du _____ au _____
(Pour les catégories C, C₁, D, E, F et les taxis)

10. Indiquer par une flèche (→) le point de choc initial

11. dégâts apparents

14. observations

15. signature des conducteurs

A   B

14. observations

* En cas de blessures ou en cas de dégâts matériels autres qu'aux véhicules A et B, relever les indications d'identité, d'adresse, etc.

Ne rien modifier au constat après les signatures et la séparation des exemplaires des 2 conducteurs.

Voir déclaration de l'Assuré au verso ►

8 *Établir une déclaration*

▶ *Rédiger le constat amiable d'accident*

Le constant amiable d'accident se présente essentiellement comme un formulaire qu'il faut remplir en cochant les cases ❑. Toutefois, deux parties restent à rédiger : au recto, les observations de chaque conducteur, et au verso, les circonstances de l'accident à l'attention de chaque assureur.

La rédaction n'est pas toujours facile… quand on est sous le choc d'un accident.

La partie observations (3 lignes et demie !) permet de compléter la partie formulaire quand les circonstances de votre accident ne correspondent pas exactement aux 17 cas exprimés.

Par exemple : l'ouverture de la portière du véhicule B, sans regarder à l'arrière, a provoqué le freinage brusque des voitures et leur carambolage.

Cette partie sert aussi à exprimer le désaccord entre les conducteurs des deux véhicules.

Par exemple : le conducteur du véhicule B précise que le conducteur du véhicule A quittait un stationnement sans avoir mis son clignotant.

Dans la partie « circonstances de l'accident », chaque assuré dispose de 12 lignes pour donner plus de détails sur l'accident. Elles doivent correspondre aux déclarations du recto ainsi qu'au procès-verbal de gendarmerie ou au rapport de police, le cas échéant.

Il peut être important, surtout s'il s'agit d'un grave accident, de prendre le nom et l'adresse des personnes qui étaient présentes. Vous leur demanderez leur témoignage.

- **Demander un témoignage : voir p. 35.**
- **Témoigner : voir p. 35.**

▶ *Informer d'un dégât*

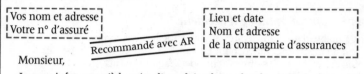

Vos nom et adresse
Votre n° d'assuré

Recommandé avec AR

Lieu et date
Nom et adresse
de la compagnie d'assurances

Monsieur,

Je vous informe qu'à la suite d'une fuite d'eau chez le voisin du dessus, mon appartement a été gravement endommagé. Les dégâts concernent essentiellement le plafond dont les peintures sont salies et le papier peint du salon partiellement décollé.

Vous trouverez sous ce pli le constat des dégâts signés par mon voisin (j'émets des réserves sur d'autres dégâts que je pourrais découvrir par la suite).

Je me tiens à votre disposition pour tout renseignement complémentaire ou toute visite sur place que vous voudriez effectuer.

Dans l'attente de votre réponse, je vous prie d'agréer, Monsieur, mes salutations distinguées.

Cette lettre, accompagnée du constat de dégâts éventuellement signé par d'autres personnes, sera adressée à la compagnie d'assurances dès la constatation (ou au moins dans les cinq jours qui suivent la découverte) en recommandé avec accusé de réception.

▶ *Informer d'un vol*

Vos nom et adresse
Votre n° d'assuré

Recommandé avec AR

Lieu et date
Nom et adresse
de la société d'assurances

Monsieur,

Je vous informe que je viens d'être victime d'un vol à mon domicile : ......**1**......... Dès que je me suis aperçu du vol, ...**2**......

Je vous demande de faire le nécessaire pour ....**3**............

Vous remerciant par avance, ...

1 **NATURE DU VOL :** QUOI ? OÙ ? QUAND ?

2 **DÉMARCHES ACCOMPLIES :** COMMISSARIAT

3 **DEMANDE D'INDEMNISATION**

Conseils

Cette lettre, accompagnée de la déclaration de vol, doit être adressée à la compagnie d'assurances dès la constatation (ou au moins dans les deux jours suivants) en recommandé avec accusé de réception.

▶ *Informer de la perte d'un document*

Dès que vous vous rendez compte de la perte (ou du vol) d'un chéquier (ou d'une carte bleue), vous devez immédiatement prévenir par téléphone votre banque (ou le fichier central des cartes volées : ce numéro est communiqué le jour où l'on va chercher la carte bancaire) pour faire opposition.

Ensuite, vous allez à la gendarmerie ou au commissariat pour déclarer la perte (ou le vol).

Enfin, vous écrivez à l'agence de votre banque pour confirmer la perte (ou le vol) de votre chéquier (ou de votre carte bancaire) en joignant le document remis par le commissariat.

┌──────────────────┐
│ Vos nom et adresse │ 　　　　Antony, le ...
└──────────────────┘ 　　　　Monsieur le Directeur
　　　　　　　　　　　　　　de la Banque Populaire

　　Monsieur le Directeur,

　　Faisant suite au coup de téléphone que j'ai passé à votre agence ce matin à 10h35, je vous confirme que j'ai perdu ma carte bancaire.

　　Comme il est indiqué sur les consignes de sécurité, j'ai fait opposition par téléphone auprès du Centre de mise en opposition, en précisant que je n'avais pas porté sur ma carte mon numéro de code confidentiel.

　　Je joins la déclaration de perte qui m'a été remise par le commissariat d'Antony.

　　Veuillez agréer, Monsieur le Directeur, l'expression de ma considération distinguée.

Numéros de téléphone à connaître
Centre de mise en opposition de carte bancaire
Paris et région : 01 42 77 11 90
Province : 02/03/04/05 54 42 12 12
S'il s'agit d'un chéquier, indiquer avec le n° de compte les numéros des chèques (n° .... à n° ....).
Ne pas oublier de les noter !

9 *Établir une procuration*

▶ *Faire quelque chose à la place d'une autre personne*

La Poste prévoit des formulaires de procuration pour retirer des lettres, des paquets.

Dans beaucoup d'autres cas, une procuration peut être établie sur papier libre. Elle prend alors la forme suivante :

Je, soussigné Jean-François Duc, demeurant à Vanves,

58, rue Jean-Bleuzen (Hauts-de-Seine), donne procuration à Monsieur Antoine Duc, demeurant à Palaiseau, 14, rue Victor-Hugo (Essonne) pour me représenter à l'assemblée des copropriétaires de mon immeuble qui aura lieu le 18 avril 1996.

Il prendra part aux votes en mes lieu et place.

Fait à Vanves le 10 avril 1996

Bon pour pouvoir,   Lu et approuvé,

[signature]   [signature]

10 *Faire des excuses*

▶ *Pour un dégât causé*

> Monsieur le Directeur,
> Je viens d'apprendre par Monsieur le Surveillant général que mon fils a cassé une vitre du collège en jouant au ballon.
> Je vous demande tout d'abord de bien vouloir l'excuser : je ne peux imaginer un instant que ce geste ait été volontaire (il est parfois très maladroit, mesure mal ses forces, j'ai pu m'en rendre compte à plusieurs occasions).
> Pour ma part, je lui ai fait des observations et lui ai demandé à l'avenir de faire plus attention.
> Par ailleurs, je vous demanderais de bien vouloir m'adresser la note concernant le remplacement de cette vitre.
> Avec mes excuses renouvelées, je vous prie de croire, Monsieur le Directeur, à ma considération distinguée.

▶ *Pour une absence*

> Madame le Proviseur,
> Je vous prie de bien vouloir excuser mon fils Denis ...., classe de 3e/2, qui, souffrant, n'a pu se rendre au lycée aujourd'hui. Le médecin lui a ordonné trois jours de repos. Sauf complications, Denis reprendra la classe vendredi matin.
> Recevez, Madame le Proviseur, l'expression de ma considération distinguée.

▶ *Pour un envoi non fait*

> Monsieur,
> Je vous avais promis de vous expédier, dès mon retour, le fichier d'adresses que nous avons utilisé pour faire connaître notre association. Malheureusement, la personne qui détient le fichier est momentanément absente. Je ne puis donc vous l'adresser, au moins dans l'immédiat, et croyez que je ... **1**
> Dans l'espoir que ... **2**
> Je vous prie de croire, Monsieur, en l'assurance de mon meilleur souvenir.

1 Expression de regret
2 Formule d'excuse : ne pas tenir rigueur, bien vouloir pardonner...

11 *S'inscrire*

Dans quelques cas, il est conseillé de se rendre en personne au lieu d'inscription. Par exemple, pour faire inscrire un enfant à l'école, pour participer à un stage, pour suivre des cours ou des activités, etc.

Dans d'autres cas, l'envoi d'une lettre est le moyen le plus indiqué. Par exemple :

▶ *... à un voyage organisé*

Vous allez, dans un premier temps demander une brochure ou un dépliant. Lisez attentivement les conditions générales, puis la description du voyage qui vous intéresse. Et en particulier les dates de départ et de retour (à partir de quelle ville), le(s) lieu(x) de destination, le logement, les sports et animations prévus, les formalités à accomplir (passeport, vaccinations, etc.) et bien sûr le prix (ce qu'il comprend : voyage, repas, déplacements, assurance, etc., et aussi ce qu'il ne comprend pas : taxe d'aéroport, excursions, suppléments, etc.).

QUAND J'AI DEMANDÉ LA DESCRIPTION DU VOYAGE, ILS M'ONT ENVOYÉ BALADER !*

Quand vous serez décidé, vous enverrez le formulaire d'inscription avec le paiement demandé. Toutes les fois que c'est possible, pour cette phase, il est préférable de se déplacer (dans le cas contraire, prévoir une photocopie de votre envoi).

> **Conseil**
>
> Il faut aussi comparer ! Consultez plusieurs catalogues, adressez-vous à plusieurs agences de voyages.

* balader : (familier) refuser de répondre

▶ ... *sur une liste électorale*

Il est conseillé de se rendre à la mairie pour faire cette demande. La demande par écrit est acceptée quand le demandeur a des difficultés pour se déplacer (maladie, accident, etc.).

> Monsieur le Maire,
>
> N'étant pas actuellement en mesure de me déplacer, j'ai l'honneur de vous demander mon inscription sur les listes électorales de votre commune.
>
> Vous voudrez bien trouver ci-joint, comme cela m'a été indiqué par votre secrétariat, une fiche d'état-civil récente et ma dernière quittance d'électricité.
>
> Avec mes remerciements, je vous prie d'agréer, Monsieur le Maire, l'expression de mes sentiments distingués.

▶ ... *dans un établissement scolaire*

> Monsieur le Proviseur,
>
> Mon mari, inspecteur à France Télécom, vient d'être nommé à la Direction de Valence à compter du 1er juillet prochain. Et je souhaiterais faire inscrire ma fille Anne-Sophie au lycée Émile-Loubet pour la prochaine rentrée scolaire. Elle doit en principe entrer en classe de première C. À toutes fins utiles, je joins le bulletin du 2e trimestre scolaire.
>
> Je vous serais très obligée de bien vouloir me faire connaître les formalités à accomplir pour son inscription.
>
> Dans l'attente de votre réponse, je vous prie d'agréer, Monsieur le Proviseur, l'expression de ma considération distinguée.

▶ ... *à une association*

> Monsieur,
>
> Dans un récent article du *Dauphiné Libéré* concernant les dernières découvertes spéléologiques en Basse-Ardèche, il a été fait mention de votre association.
>
> M'intéressant personnellement à la spéléologie, j'aimerais recevoir des renseignements sur vos réalisations.
> Souhaitant par ailleurs faire éventuellement partie d'A.M.V., je vous remercie par avance de bien vouloir m'adresser les conditions d'adhésion et un bulletin d'inscription.
>
> Dans l'attente de vous lire, veuillez agréer, Monsieur, l'expression de mes salutations distinguées.

12 *Informer et réclamer*

▶ *Mesures à prendre*

Monsieur le Maire,

J'ai l'honneur de porter à votre connaissance les faits suivants. Depuis que la rue de la Mutualité a été entièrement refaite, de plus en plus d'automobilistes empruntent cette voie. Certains d'entre eux roulent à des vitesses excessives et peuvent à tout moment causer de graves accidents. Hier soir, madame Audibert a failli être renversée pendant qu'elle traversait la rue au niveau du passage piétons à l'angle de la rue de l'Avenir.

Au nom d'un groupe d'habitants* du quartier dont je me fais provisoirement le porte-parole, je vous demande de bien vouloir examiner la question pour que notre rue soit à nouveau sûre. Nous pensons à la mise en place de ralentisseurs, à l'installation d'un feu tricolore ou de panneaux stop.

En espérant que vous voudrez bien examiner notre requête avec la plus grande attention, je vous prie d'agréer, Monsieur le Maire, l'expression de ma considération distinguée.

* Voir liste jointe.

▶ *Nuisances publiques*

Monsieur le Maire,

Je me permets d'attirer votre attention sur un problème sérieux qui touche les habitants de notre quartier le long de la nationale 20.

En effet, depuis le début de l'été, les places de parking qui étaient aménagées devant les boutiques des commerçants (maison de la presse, boulangerie, etc.) ont disparu. Mal en a pris à notre voisin qui, ayant des difficultés pour se déplacer, s'est arrêté devant la boulangerie : une contravention en bonne et due forme lui a été dressée. Et il n'est pas le seul…

Vous comprendrez que cette situation est inacceptable, à la fois pour les commerçants et pour les usagers. C'est pourquoi je vous demanderais de bien vouloir prendre les mesures qui s'imposent, c'est-à-dire rétablir les huit places de parking, quitte à limiter le temps de stationnement.

Je pense que vous serez sensible à cette requête* tout à fait justifiée et vous adresse, Monsieur le Maire, l'expression de mes sentiments respectueux.

* à laquelle s'associent de très nombreux signataires…

13 *Se plaindre*

▶ ***Demander qu'une nuisance prenne fin
(bruits d'instruments de musique)***

Madame,

Je n'ai pas eu l'occasion de vous rencontrer depuis que vous habitez l'immeuble. Et croyez que je suis navrée d'avoir à vous adresser cette lettre pour vous faire part de la gêne que nous ressentons.

C'est tout à fait normal que vos enfants fassent de la musique, mais vous devrez convenir que lorsque cette activité continue à s'exercer après dix heures du soir, cela devient difficilement supportable pour les voisins.

Soucieuse de préserver de bonnes relations de voisinage, je vous demanderais dans un premier temps de faire en sorte que les exercices musicaux prennent fin vers dix heures.

J'espère que vous prendrez en considération cette demande.

Dans cet espoir, je vous prie de croire, Madame, à l'expression de mes sentiments les meilleurs.

14 *Protester*

Vous enverrez un chèque pour payer une facture que vous venez de recevoir (un achat, une fourniture de services : eau, électricité, téléphone, etc.), pour vous acquitter de sommes dues (impôts, redevance télé, etc.). Toutes ces opérations se font en principe sans ajouter de correspondance particulière. Par contre, vous ferez une correspondance pour dire que vous n'êtes pas d'accord.

Un bon conseil !
Notez sur la facture le numéro du chèque que vous établissez et la date de paiement. ...
Il y a aussi les cartes bancaires pour payer !

▶ *Lettre à un garagiste*

Monsieur,

Je viens de recevoir votre facture concernant la réparation de ma voiture. Vous comptez 13 heures de travail alors que les tableaux indicatifs pour cette réparation indiquent 9 heures.

Pensant qu'il s'agit là d'une erreur de comptabilité, je vous remercie par avance de bien vouloir m'adresser une nouvelle facture dans les meilleurs délais.

Je vous prie d'agréer, Monsieur, mes salutations distinguées.

P.J. : votre facture en retour.

▶ *Lettre à un loueur de villas*

RECOMMANDÉE AVEC **AR**

Monsieur,

Nous venons de nous installer dans la villa que vous louez à Cap Breton (annonce parue dans le journal *Sud-Ouest*).

L'aspect extérieur correspond bien à la photo que vous nous avez adressée et au descriptif. Il n'en est pas de même en ce qui concerne l'aménagement intérieur totalement vétuste et inconfortable.

Dans ces circonstances, nous sommes décidés à annuler notre séjour et, bien évidemment, à vous réclamer les sommes déjà versées. Faute de quoi, nous présenterons ce différend à la justice.

Comptant sur votre compréhension, nous vous prions d'agréer, Monsieur, nos meilleures salutations.

▶ À l'occasion d'une réparation non faite

Monsieur,

Nous occupons depuis le 1er juillet dernier l'appartement que vous louez au n° 27 de la rue Sainte-Victoire à Versailles.

Lors de la mise en route du chauffage de l'immeuble (17 septembre), nous vous avons signalé (photocopie jointe) que deux radiateurs fonctionnaient mal : impossible de tourner le bouton de mise en route.

C'est bientôt le mois de décembre et apparemment vous n'avez pris aucune disposition pour faire effectuer la réparation de ces radiateurs. Comme vous pouvez l'imaginer, cela représente une grande gêne pour nous.

Nous vous demandons de faire procéder dans les meilleurs délais à cette réparation, devenue urgente(1).

Dans cette attente, nous vous prions d'agréer, Monsieur, nos sincères salutations.

P.J. photocopie de notre correspondance du 18 septembre.

S'IL NE RÉPOND PAS, IL VA VOIR DE QUEL BOIS JE ME CHAUFFE !

(1) *Variantes*

[…]

Sans réponse de votre part dans les dix jours, nous nous verrons, à notre grand regret, dans l'obligation de nous adresser au Tribunal d'Instance pour ordonner une injonction de faire suivant les dispositions du Code de procédure civile.

Dans cette attente, …

Ou :

[…]

Passé un délai de dix jours, nous nous verrons contraints de faire appel à la justice pour

… vous obliger à effectuer cette réparation.

… obtenir l'autorisation de faire effectuer à vos frais cette réparation par une entreprise de notre choix.

Dans cette attente, …

15 *Réclamer*

▶ *Vente par correspondance (VPC)*

RECOMMANDÉE AVEC **A.R.**

| Nom et adresse |

| Lieu et date |

Adresse de la société VPC

Monsieur,

Je vous ai adressé le 10 octobre une commande (photocopie jointe) accompagnée d'un chèque (BICS n° ....) d'un montant de 687 F.

Nous sommes le 12 novembre et je n'ai toujours pas reçu ma commande alors que, vérification faite, mon chèque a été débité le 15 octobre.

Je vous demande de livrer sous huit jours cette commande, faute de quoi je me verrai dans l'obligation de saisir le tribunal compétent.

Je vous prie d'agréer, Monsieur, mes salutations distinguées.

▶ *Vente dans un centre commercial (variante)*

RECOMMANDÉE AVEC **AR**

| Nom et adresse |

| Lieu et date |

Adresse de la société de vente

Monsieur,

Nous avons acheté dans votre magasin de Valence Nord le 18 août dernier une table en bois massif (2,20 m x 0,80 m) pour 2 950 F prix soldé (prix réel : 3 600 F).

De retour à la maison, nous avons examiné avec attention la table (ce que nous aurions dû faire dans votre magasin) et nous nous sommes aperçus que le plateau n'était pas en bois massif.

Nous estimons, bien que cet article soit soldé, qu'il y a tromperie sur la marchandise et nous vous mettons en demeure de nous livrer une table conforme à la description de l'étiquette (ou de nous rendre l'argent versé).

Sans réponse de votre part dans les huit jours, nous prendrons contact avec la Direction départementale de la Concurrence, de la Consommation et de la Répression des fraudes.

Nous vous prions d'agréer, Monsieur, nos salutations distinguées.

16 *Répondre à une demande de renseignement*

▶ *envoyée par un collègue (réponse à la lettre p. 34)*

Madame, chère Collègue,

Je me fais un plaisir de vous donner les renseignements demandés dans votre lettre du 12 courant.

La Délégation générale à la Langue Française (DGLF) vient de publier un répertoire des organisations et associations œuvrant pour la promotion de la langue française (179 pages). Il est édité par le Conseil international de la Langue Française, 11, rue de Navarin, 75009 Paris, auquel vous vous adresserez. L'ouvrage coûte 80 F, port compris.

Par ailleurs, Ulysses International, 21, avenue du Professeur Grasset, 34000 Montpellier, fait paraître chaque année un petit guide des centres de français langue étrangère fort bien fait. Il est gratuit.

Espérant avoir ainsi répondu à votre attente, je vous prie d'agréer, Madame, chère Collègue, l'expression de ma considération distinguée.

▶ *envoyée à une amie étrangère*

Ma chère Kathryn,

Ta lettre du 18 avril m'a fait beaucoup plaisir…

Ainsi, tu souhaites venir en France pour le début de l'année scolaire. Mais tu ne précises pas si tu veux rester à Paris ou aller en province… De toute façon, il y a le choix ! Et c'est avec joie que je te guiderai… Par un prochain courrier, je me propose de te faire parvenir des dépliants concernant une quinzaine de lieux possibles. Pour ma part, je penche un peu pour Paris : nous aurons l'occasion de nous voir souvent et ainsi de rattraper le temps perdu.

À très bientôt donc,

Je t'embrasse.

17 *Signaler*

▶ *Une anomalie*

┌──────────────────┐
┆ Nom et adresse ┆   ┌──────────────┐
┆ Votre n° de client ┆   ┆ Lieu et date ┆
└──────────────────┘   └──────────────┘

Compagnie générale des Eaux
28-30, rue Boiron
91300 MASSY

Monsieur,

Je viens de recevoir votre facture concernant la consommation d'eau du 11.05.96 au 09.08.96, à savoir 370,45 F pour 18 m^3. Cette consommation ne correspond pas à la consommation réelle. Je viens de relever l'index au compteur qui indique 279 et non 288 comme vous le mentionnez. Il s'agit donc d'une consommation estimée qui ne correspond pas à la réalité (il vous suffira de comparer avec les factures antérieures pour vous en convaincre).

En vous remerciant par avance de bien vouloir prendre note de cette information, j'attends votre prochaine correspondance avec un avoir sur la prochaine facture, mon compte ayant déjà été débité.

Veuillez agréer, Monsieur, mes salutations distinguées.

▶ *Un changement d'adresse*

Il y a beaucoup de démarches* à faire, des organismes** et des personnes à prévenir (voir p. 51).

• Si vous connaissez beaucoup de monde, vous avez intérêt à faire imprimer des cartes sur le modèle suivant :

Monsieur et Madame Bernard Guimbaud
vous prient de bien vouloir noter leur nouvelle adresse
à compter du 1er novembre 1996
28, rue des Alpes
26000 Valence
Tél. : 04 17 20 27 13

• **Pour les administrations, vous ferez une lettre.**

M et Mme B. GUIMBAUD   Argenteuil, le 10 septembre 1996
28, rue Victor-Hugo
95100 ARGENTEUIL

> Nom et adresse de
> l'administration

Nous vous informons qu'à compter du 1er novembre 1996, notre
nouvelle adresse sera la suivante :
Monsieur et Madame Bernard GUIMBAUD
28, rue des Alpes
26000 VALENCE
Tél. : 04 17 20 27 13

Veuillez agréer, ..., l'expression de nos sentiments
distingués.

* *Démarches à faire*

Signaler votre changement de domicile :
– à la préfecture (pour la carte grise, le passeport),
– à la mairie (pour la carte d'identité, la carte d'électeur),
– à votre propriétaire (3 mois à l'avance).

** *Organismes à prévenir*

Sécurité sociale, EDF/GDF, France Telecom, Service des Eaux,
Banque, assurances, impôts, perception, redevance télé, etc.
Éventuellement : écoles, mutuelles, centre de chèques, Caisse
d'Épargne, journaux, associations, etc.

Et bien sûr, il faut prévenir
La Poste. Vous y trouverez
des imprimés tout prêts
pour un changement
d'adresse provisoire ou
définitif. Dans ce dernier
cas, La Poste vous offre des
cartes postales pour avertir
vos correspondants.

18 *Courrier des lecteurs*

Vous écrivez ... mais aussi vous lisez des revues, des magazines, des journaux spécialisés (sport, musique, tourisme, etc.). Souvent vous avez envie d'écrire dans la page du Courrier des lecteurs pour demander un conseil, des renseignements ou tout simplement pour faire connaître votre avis. Mais vous ne l'avez pas fait ... parce que vous ne saviez pas trop comment vous y prendre. Voici quelques exemples.

▶ *Demander un conseil (recherche d'une solution)*

┌─────────────────┐   ┌───────────────────────────────────┐
│ Nom et adresse │   │ Lieu et date   │
└─────────────────┘   │ Nom de la revue   │
                      │ Service du courrier des lecteurs │
                      └───────────────────────────────────┘

1 Sujet concerné

2 Quel est le problème ?

3 Détails concernant le problème

4 Démarches déjà entreprises et résultat

5 Demande de conseil pour régler le problème

6 Formule de politesse

Conseils

Soyez bref ! il faut que le plus grand nombre de lecteurs puissent s'exprimer.
Soyez précis ! Tous les lecteurs doivent comprendre aisément votre problème.
Choisissez un sujet « intéressant » qui vaille la peine d'être publié.

À vos... !

Écrivez vos lettres

1 1. Nous avons fait construire un pavillon ...
2. J'ai acheté une moto ...
3. Nous habitons à proximité d'un cibiste ...

2 1. En rentrant de vacances, nous avons eu la désagréable surprise de constater (fentes dans le mur, etc.)
2. Lors d'une sortie, je n'ai pas pu mettre (le moteur en route, freiner, etc.)
3. Tous les samedis, nous ne pouvons pas regarder la télévision parce qu'elle est brouillée ...

3 1. La fente mesure près de ... et va de ... à ...
2. Au départ, tout était normal ...
3. Cela fait maintenant ... mois que ...

4 1. Nous avons écrit au constructeur qui ne ...
2. Je me suis adressé(e) au concessionnaire ...
3. Nous nous sommes adressés au cibiste ...

5 1. 2. 3. Je (nous) vous remercie(ions) par avance de bien vouloir nous conseiller pour régler ce problème dans les meilleurs délais (pour obtenir satisfaction...).

6 Formule de politesse.

▶ Faire connaître son avis

Monsieur Potin
Émission XYZ
France 6

Monsieur,

C'est vraiment par hasard que j'ai pu suivre votre émission
« Cartes et Pays ». Et j'ai été ravi. Il était question de la Pologne. En
quelques minutes, vous avez su montrer de façon très claire quelles
ont été les frontières successives de ce pays. Nous avons pu
comprendre, grâce à votre commentaire parfaitement adapté
pourquoi à l'est et à l'ouest, les frontières se sont déplacées.
L'animation imaginée pour illustrer ces changements était
remarquable.

Ah ! Si nous avions pu avoir un professeur d'histoire tel que vous !

Permettez-moi de vous adresser tous mes remerciements et soyez
assuré que nous inviterons tous nos amis à ne pas manquer votre
rendez-vous du dimanche soir.

Recevez, Monsieur, l'expression de mes sincères salutations.

▶ Faire part d'une trouvaille

J'ai pour habitude de jeter le marc de café dans la
terre qui entoure notre terrasse. Il y a maintenant
deux rosiers à cet endroit et, surprise, nous ne
voyons plus de pucerons sur les feuilles (alors que
nous sommes obligés de traiter tous les autres rosiers
qui se trouvent dans notre jardin).
J'ai appelé Thomas le jardinier à la radio qui m'a
confirmé les vertus du marc de café contre les
pucerons. Qu'on se le dise !

MME DUBOIS-Le Pouzin (07)

*Parfois, une revue,
un magazine vous invite
à écrire ...*

Faites-nous découvrir
vos coups de cœur.
N'hésitez pas à nous
écrire pour présenter
une découverte
intéressante, un joli
coin de France.

Extrait de *Détours en France*

À VOUS !

**Vous écrivez pour dire qu'une émission était sans intérêt,
mal conduite, incomplète, etc.**

**Vous confirmez qu'un nouveau produit est tout à fait intéressant,
efficace mais très cher, etc.**

À VOUS ! À VOUS ! À VOUS ! À VOUS ! À VOUS !

Conseils

Lorsque vous écrivez, ne recopiez jamais mot à mot un des modèles proposés. Suivez ce schéma en l'adaptant.

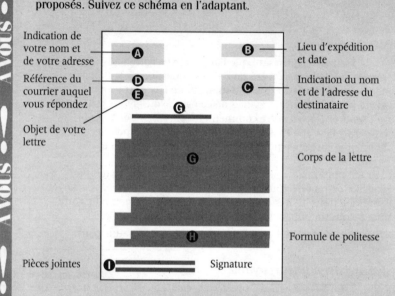

Indication de votre nom et de votre adresse — **A**

B — Lieu d'expédition et date

Référence du courrier auquel vous répondez — **D** / **E**

C — Indication du nom et de l'adresse du destinataire

Objet de votre lettre

G

G — Corps de la lettre

H — Formule de politesse

Pièces jointes — **I** — Signature

Nous allons prendre comme exemples des lettres de sollicitation (voir pp. 31, 33, 34, 75), **c'est-à-dire des demandes exprimées avec un certain respect parce qu'on s'adresse à une autorité, à une personne qu'on ne connaît pas, etc.**

A Votre nom et votre adresse

Vous pouvez imaginer, comme dans les modèles précédents, que vous êtes un autre personnage, garçon ou fille, homme ou femme, de France ou d'ailleurs.

B Le lieu d'expédition suivi de la date.

C Le nom de l'administration, de la société, etc. auxquelles vous vous adressez.

   • Monsieur le Principal
     Collège   ....
     Rue   ....
     ville   ....

- Monsieur le Directeur de la Caisse d'Allocations familiales ....
- Monsieur le Rédacteur en chef du journal ....
- Monsieur le Directeur de la revue ....
- Monsieur le Directeur des magasins Lion ....
- Monsieur le Percepteur   Recette des Impôts ....
- Monsieur le Directeur de l'Agence bancaire ....

D **Référence du courrier auquel on répond**

E **À cet emplacement, vous mentionnerez : Objet :** (que vous rédigerez d'après les indications ci-dessous G). Demande de ....

F **Vous retrouverez l'appellation dans la partie C. Pas de mot abrégé, pas de nom de société ou d'entreprise.**

G **C'est le corps de la lettre. Vous allez développer l'objet de votre lettre de sollicitation en donnant les raisons invoquées.**

- Une aide pour les études du fils, classe de .... (père au chômage).
- Une allocation de logement (loyer fortement augmenté, revenus en baisse).
- Un droit de réponse (erreur grossière dans la rédaction d'un article).
- Un conseil (faut-il demander une autorisation pour installer une antenne parabolique ?).
- Un congé exceptionnel (se rendre à un mariage).
- Un délai de paiement pour payer les impôts (dépenses importantes suite à un accident).
- Un prêt d'argent (quelles propositions pour l'achat d'une voiture ?).

H **Dans la formule de politesse finale, vous inclurez l'attente de réponse, les remerciements et les salutations.**

Par exemple :
Dans l'attente de votre réponse, et avec mes remerciements anticipés, je vous prie d'accepter / je vous prie d'agréer, Monsieur ...., l'assurance de mes sentiments respectueux / distingués.

Signature.

I **Éventuellement, P.J. (pièces jointes).**

5

CARTES ET CARTONS

À l'occasion de grands événements qui marquent notre vie
(naissance, mariage, décès), il est d'usage d'adresser aux amis et
connaissances un faire-part. L'usage veut aussi que l'on réponde à ces
faire-part par une carte de visite sur laquelle on écrit quelques mots.
Lorsqu'il s'agit de personnes que l'on connaît bien, il est bien sûr
préférable d'adresser une lettre.
À l'occasion de la nouvelle année, d'un anniversaire, on envoie
ses vœux à l'aide de cartes postales porteuses du message.
Pour une invitation officielle, on fait imprimer des « cartons ».

1 Faire-part

▶ Le faire-part de naissance

Le faire-part est imprimé sur carton généralement blanc ou crème
(appelé bristol) au format simple ou double. L'impression se fait en
noir ou en couleur. Pour faire imprimer le faire-part, allez chez un
imprimeur, dans une papeterie ou dans un « point service » dans les
centres commerciaux. Voici deux exemples.

• Ce sont les parents qui annoncent la nouvelle.

> M. et Mme Lefebvre sont heureux de vous
> faire part de la naissance de leur fille
> Delphine
> le 17 mars 1996
>
> 20, rue de la Gare
> 26600 Tain L'Hermitage

• C'est le frère (ou la
sœur) qui fait part.

> Denis Verdol
> a la joie de vous annoncer la naissance de
> sa petite sœur
> Anne-Sophie
> le 10 octobre 1996
>
> 57, rue Sainte-Victoire   78000 Versailles

Il peut aussi y avoir un avis dans la presse.

> MONSIEUR PIERRE AUBERT
> ET MADAME, NÉE JEANNE LEBON
>
> SONT HEUREUX DE VOUS ANNONCER
> LA NAISSANCE DE **NATHALIE**
>
> ANTONY, LE 18 AOÛT 1996

▶ Comment répondre ?

À une personne que l'on connaît bien, il est habituel de donner un coup de téléphone. Dans les jours qui suivent, on envoie une lettre aimable qui annoncera ou accompagnera un cadeau.

Dans les autres cas, on écrit quelques mots sur une carte de visite ou une lettre.

> *M. ET MME GUY DULAC*
> *adressent à Monsieur et Madame*
> *Lefebvre leurs plus vives félicitations à*
> *l'occasion de la naissance de Delphine.*

Variantes

… apprennent avec joie la naissance de Delphine et adressent leurs très sincères félicitations aux parents.

… très heureux d'apprendre la bonne nouvelle, forment des vœux de bonheur pour Delphine. Avec leurs plus vives félicitations aux heureux parents.

On peut aussi envoyer un télégramme du genre :

> MEILLEURS VŒUX DE BONHEUR À DELPHINE. SINCÈRES FÉLICITATIONS À VOUS DEUX. AFFECTUEUSEMENT.

▶ Le faire-part de mariage

Il est envoyé au moins trois semaines avant la date du mariage à toutes les personnes (famille – bien qu'elle soit au courant –, amis, collègues de travail, etc.) à qui on veut annoncer la nouvelle (c'est souvent l'occasion de faire un signe à des gens que l'on n'a pas fréquentés depuis longtemps).

Ce sont en général les parents (on mentionne, le cas échéant, les grands-parents) qui annoncent la nouvelle.

Dans le cas d'un remariage, ce sont les futurs époux qui font eux-mêmes l'annonce. Pour les envois aux proches (famille, amis) et à ceux dont on souhaite la présence, on ajoute un mot personnel d'invitation.

On trouve généralement des modèles de faire-part chez les imprimeurs et dans les boutiques spécialisées.

Voir aussi dans la collection Outils, *Savoir-vivre avec les Français* (pp. 50 à 55).

Mais de plus en plus souvent aujourd'hui ce sont les jeunes mariés qui annoncent leur mariage.

▶ Comment répondre ?

Cela peut prendre différentes formes suivant les rapports entre les personnes qui ont reçu le faire-part et les futurs mariés et leur famille.
On peut envoyer un télégramme…

VIVES FÉLICITATIONS. NOS MEILLEURS VŒUX DE BONHEUR.

…passer un coup de téléphone qui sera suivi bien évidemment d'une correspondance. Celle-ci peut se présenter de différentes façons. Voici des exemples.

• **La carte de visite**
(adressée aux parents)   **(adressée aux futurs mariés)**

> **MONSIEUR ET MADAME ROBIN**
> sont heureux d'adresser leurs très vives félicitations
> à Monsieur et Madame Mondet à l'occasion du mariage de leur fille.
> Meilleurs vœux de bonheur aux…

> **MONSIEUR ET MADAME ROBIN**
> se réjouissent d'apprendre votre mariage.
> Désolés de ne pouvoir être auprès de vous en cette grande journée, ils vous adressent leurs très sincères félicitations et leurs meilleurs vœux de bonheur.

• La lettre

Chers André et Paule,

Le faire-part que nous venons de recevoir nous comble de joie comme vous pouvez l'imaginer. Nous attendions cette nouvelle avec impatience... C'est dire combien nous serons heureux d'être à vos côtés pour le mariage de Nathalie.

Dans cette attente, nous vous prions de transmettre aux futurs mariés nos très sincères félicitations et nos meilleurs vœux de bonheur.

P.S. : merci de nous faire savoir dans quel magasin Nathalie et Francis ont déposé leur liste de mariage.

Chère Nathalie,

Quelle bonne nouvelle ! Quelle joie pour nous d'apprendre ton mariage avec Francis !

Hélas, il nous sera impossible d'être à vos côtés pour la cérémonie... mais nous serons en pensée avec vous et nous vous promettons de vous rendre visite dès que possible.

Nous vous adressons toutes nos félicitations et nos vœux de bonheur les plus sincères.

▶ *Le faire-part de décès*

Quand survient un décès, les proches (la famille, les amis) sont en général prévenus par un coup de téléphone, voire un télégramme. Mais souvent, surtout s'il s'agit d'une personne connue, la famille du défunt souhaite envoyer un **faire-part**, afin que les destinataires soient présents à la cérémonie. Enfin, troisième possibilité, on fait passer **un avis** dans la presse.

• **Faire-part**

> Monsieur Jacques RIOU
> Monsieur Bernard RIOU
> Monsieur et Madame Christian CRUMIÈRE
> Monsieur et Madame Philippe ROCHE
> Aurélie et Élodie,
> Et toute la famille,
>
> ont la douleur de vous faire part du décès de
>
> **Madame Jacques RIOU**
> née **Françoise ROCHE**
> *leur épouse, mère, sœur et grand-mère*
> survenu le 20 décembre 1996, à l'âge de 84 ans.
>
> La cérémonie religieuse aura lieu le lundi 23 décembre
> à 15h en l'église Sainte-Euphémie à Saillans (Drôme)
>
> 3, rue Victor-Hugo 26340 Saillans
> 130, rue Lafayette 75010 Paris

• **Avis de presse**

M. Jacques RIOU
son époux,
M. Bernard RIOU
son fils,
les familles RIOU, CRUMIÈRE, ROCHE
ont la douleur de vous faire part du décès de
Mme Françoise RIOU née **ROCHE**
le 18 décembre 1999, dans sa quatre-vingt-quatrième année.
La cérémonie religieuse aura lieu le lundi 23 décembre à 15 h
en l'église Sainte-Euphémie à Saillans (Drôme).
Cet avis tient lieu de faire-part.

Différentes mentions peuvent être ajoutées suivant les dernières volontés du défunt et de la famille. Par exemple : *Ni fleurs, ni couronnes*

Comment répondre ?

On adresse à la famille du défunt ses condoléances.
Les proches passeront un coup de téléphone, enverront un télégramme puis une lettre.
Dans les autres cas, le télégramme et la carte de visite sont largement utilisés. Voici quelques exemples.

Télégramme

VOUS ADRESSONS À TOUS NOS TRÈS SINCÈRES CONDOLÉANCES ET VOUS ASSURONS DE TOUTE NOTRE SYMPATHIE

JANINE GÉRARD
S'associe à la profonde douleur qui vient de vous frapper.
Puisse ce témoignage d'amitié vous apporter un peu de réconfort.

MONSIEUR ET MADAME GÉRARD
Profondément affectés par le deuil qui vient de vous frapper, vous assurent de leur profonde sympathie et vous adressent leurs très sincères condoléances.

• Lettre à des amis

Chers Hélène et Jean,

Nous avons été bouleversés en apprenant le deuil qui vient de vous frapper. Nous aimions beaucoup votre père, toujours plein d'entrain, toujours à l'écoute des autres.

Robert et moi, nous vous adressons ainsi qu'à toute votre famille nos très sincères condoléances et toute notre sympathie. Puisse ce message vous apporter un peu de réconfort pour surmonter la dure épreuve que vous traversez.

Avec nos très affectueuses pensées,

• Lettre à un supérieur

Monsieur,

C'est avec une grande tristesse que nous avons appris le décès accidentel de votre femme.

Nous avons pu en maintes occasions apprécier toutes ses qualités de gentillesse, d'attention à notre égard. C'est vous dire combien notre peine est grande aujourd'hui.

En cette douloureuse circonstance, nous vous adressons nos plus sincères condoléances et nous vous assurons de toute notre sympathie.

2 Les vœux

▶ Les vœux du nouvel an

Ce sont les souhaits que l'on adresse aux parents, aux amis, aux personnes avec qui l'on travaille, à ceux et à celles que l'on a rencontrés pendant l'année, etc.

C'est aussi parfois l'occasion d'échanger des nouvelles au moins une fois par an, avec des personnes qu'on a un peu perdues de vue.

Certains font leurs envois avant la fin de l'année ; d'autres attendent la première semaine de janvier. À vous de choisir…

Comment adresser ses vœux ? Cela dépend de vous, de vos habitudes, de la personnalité des destinataires, un peu aussi de la mode.

On peut adresser ses vœux sur une carte de visite ou une carte postale avec le message *Bonne Année !*

Aux parents, aux amis, avec ou sans carte, on envoie une lettre où l'on laisse parler son cœur…

Voici quelques exemples.

Meilleurs vœux de bonheur
et de bonne santé pour 1999

© MP 1995

Recevez, pour 1999, mes vœux
les plus sincères
et les plus affectueux.

Permettez-moi de vous présenter,
à l'approche de l'année nouvelle,
mes meilleurs vœux
et souhaits pour vous et les vôtres.

**Bonne Année
à tous les lecteurs de
la Correspondance facile**

M. et Mme Tivole

*très touchés de vos aimables vœux, vous
remercient et vous adressent à leur tour les
souhaits les plus sincères pour l'année nouvelle*

▶ *Les vœux d'anniversaire*

C'est une occasion pour témoigner son affection ou son amitié par une lettre, une carte postale ou une carte de visite. On envoie :
• une lettre, quand on s'adresse à une personne âgée ou à quelqu'un avec qui on entretient des liens très étroits ;
• une carte postale, de plus en plus fréquemment, surtout entre jeunes. Il faut la choisir avec soin ;
• une carte de visite pour les occasions plus officielles.

Si vous envoyez un cadeau, accompagnez-le toujours d'un petit mot.

Voici quelques exemples.

Cher Pépé,

Aujourd'hui, c'est moi qui suis chargée de la correspondance et je suis ravie. Tu comprends pourquoi, je pense !

Toute la famille se joint à moi pour te souhaiter un très bon anniversaire.

Même si nous ne pouvons pas être à tes côtés en cette circonstance, nous serons en pensée près de toi. Nous espérons que ce petit mot t'apportera, avec le cadeau joint, toute notre affection et nos meilleures pensées.

Nous t'embrassons très fort.

Anne-Sophie

Cher Denis,

13 novembre ! Voilà une date que l'on n'oublie pas. Et cette année, tu as douze ans !

Michèle se joint à moi pour t'adresser tous nos vœux.

Nous penserons très fort à toi ce mercredi quand vous allez fêter l'événement.

Joyeux anniversaire, Denis !

[signature]

Nous joignons à cet envoi un petit cadeau qui, nous l'espérons, te fera plaisir.

Chère Claudine,

Depuis quelques jours, on cherche... et on ne trouve pas ce qu'on pourrait t'adresser pour ton anniversaire.

Mais nous sommes sûrs que ce chèque va t'aider, au moins en partie, à réaliser un de tes vœux les plus chers.

Nous souhaitons très sincèrement que ce 17 mars soit une très belle journée pour toi avec qui nous serons en pensée.

3 *Les cartons d'invitation*

Recevoir une invitation est toujours plaisant.

Les raisons pour lesquelles on est invité sont très variables et les manières utilisées pour lancer une invitation le sont également.

Quand l'invitation est plus officielle, on reçoit un carton imprimé. Une réponse est, dans tous les cas, obligatoire.

▶ *Invitation à un dîner*

> **Monsieur et Madame Henri Russier**
> prient M. et Mme Montanier
> de leur faire l'honneur d'assister
> au dîner qu'ils donneront
> le .... à 20 heures
> 2, rue Louis-Blanc 38000 Grenoble
> RSVP

> *M. et Mme Robert Montanier*
> *adressent leurs remerciements à Monsieur et Madame Henri Russier pour leur aimable invitation à laquelle ils auront l'honneur de se rendre.*

▶ *Invitation à une réception*

Lors d'un mariage, il peut y avoir une réception après la cérémonie. On reçoit un carton. **Il faut répondre...**

...affirmativement

> *Madame André Revel*
> *Madame Jacques Bourdeau*
> *recevront, après la cérémonie religieuse, dans les salons de l'Hôtel du Grand Siècle de Versailles à partir de 16 heures*
> *[adresses]*
> *RSVP*

> M. JEAN GIRAUD
> *adresse à Madame André Revel toutes ses félicitations, la remercie pour l'invitation à laquelle il se rendra avec le plus grand plaisir.*

...ou négativement

> **LISE DUCHAMP**
> *adresse à Madame Jacques Bourdeau toutes ses félicitations, la remercie pour l'invitation à laquelle elle regrette de ne pouvoir se rendre suite à un deuil familial. Elle la prie de transmettre aux jeunes mariés ses meilleurs vœux de bonheur.*

Voici trois invitations adressées par un artiste-peintre (1), un industriel (2) et le secrétaire d'un établissement scolaire (3).

• Qui envoie quoi ?   1 •   • A
                       2 •   • B
                       3 •   • C

• Rédigez les réponses.

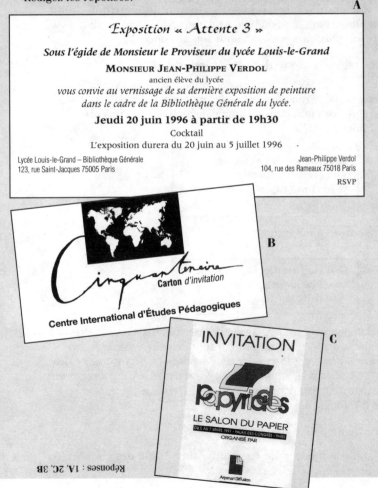

A

Exposition « Attente 3 »

Sous l'égide de Monsieur le Proviseur du lycée Louis-le-Grand

MONSIEUR JEAN-PHILIPPE VERDOL
ancien élève du lycée
*vous convie au vernissage de sa dernière exposition de peinture
dans le cadre de la Bibliothèque Générale du lycée.*

Jeudi 20 juin 1996 à partir de 19h30
Cocktail
L'exposition durera du 20 juin au 5 juillet 1996

Lycée Louis-le-Grand – Bibliothèque Générale
123, rue Saint-Jacques 75005 Paris

Jean-Philippe Verdol
104, rue des Rameaux 75018 Paris

RSVP

B

Cinquantenaire
Carton *d'invitation*

Centre International d'Études Pédagogiques

INVITATION   **C**

papyrides
LE SALON DU PAPIER
DU 5 AU 7 MARS 1997 · PALAIS DES CONGRÈS · PARIS
ORGANISÉ PAR

Arjomari Diffusion

Réponses : 1A, 2C, 3B

À VOUS • À VOUS • À VOUS • À VOUS • À VOUS •

1 *Les petites annonces*

Tous les journaux nationaux et régionaux ont leurs pages de
petites annonces. Les journaux gratuits, eux, ne publient que
des petites annonces. Pour avoir le plus de chances possibles
d'obtenir un résultat, celui qui passe une annonce doit choisir
un journal qui se vend bien (qui a un bon tirage) et doit
prévoir plusieurs passages pour son annonce.

Une règle : **le texte doit être bien rédigé.**

Le prix d'une petite annonce se calcule en général à la ligne
(voir p. 68). Pour faire court, les mots sont abrégés, les phrases
ne sont pas complètes comme dans une lettre. Voici un
premier exemple.

> ■ Vds URGENT cause départ étranger
> 305 GL blanche mod 88
> 70 000 km CT OK, TBE prix 16 000 F.
> Tél. le soir ....

ou, encore plus court !

> ■ Vds urg. cse dép. étr. 305 an. 88
> TBE CT OK 70 000 km
> 16 000 F Tél. soir ....

Cela ressemble un peu à un télégramme, mais les lecteurs des
petites annonces comprennent tout de suite : *comme je dois
partir à l'étranger, je vends de toute urgence ma voiture, une Peugeot
305 GL blanche. C'est un modèle 1988 et il a 70 000 km au compteur.
Le contrôle technique est bon ainsi que l'état du véhicule. Mon prix :
16 000 francs. Appelez-moi le soir au ....*

▶ Savoir lire une annonce

Il faut commencer par connaître l'abréviation des mots les plus
couramment utilisés.

Ach.	j'achète	Env.	envoyer	Part.	un particulier
Adr.	adresser	Ét.	l'étage	Pav.	un pavillon
Anc.	ancien	Ét. nf.	état neuf	Pce.	une pièce
Appt.	un appartement	Expér.	l'expérience	Pers.	une personne
Asc.	un ascenseur	Fac.	facilités (de	Possib.	possibilité (de)
AV.	à vendre		paiement)	Se prés.	se présenter
Banl.	la banlieue	Fr. (disq)	les freins (à	Pt(e)	petit(e)
Bât.	un bâtiment		disque)	Px	le prix
Biblioth.	bibliothèque	Gar.	un garage	Qu.	un quartier
Bur.	un bureau	Garant.	garanti	R.d.c.	le rez-de-
Chbre	une chambre	Gd(e)	grand(e)		chaussée
Ch. comp.	les charges	Imm.	un immeuble	Rech.	je recherche
	comprises	Jard.	un jardin	Réf.	une référence
Cpt	au comptant	J.F.	une jeune fille	R.V.	un rendez-vous
	(paiement)	J.H.	un jeune	S.d.b.	une salle de
Créd.	à crédit		homme		bains
	(paiement)	Ts. les jrs.	tous les jours	S. à m.	une salle à
CT	contrôle	Logt.	un logement		manger
	technique	Max.	maximum	Suppl.	supplémentaire
Cuis. équip.	une cuisine	Min.	minimum	Tat.	tatoué
	(équipée)	Mod.	le modèle	TBE	très bon état
Ds	dans	Nf.	neuf	Tt. cft.	tout le confort
Ecr.	écrire	Paiem.	le paiement	Vac.	vacciné
Enft.	un enfant	Park.	le parking	Vds.	je vends

Voici maintenant dix petites annonces. Pouvez-vous les lire rapidement ?

◆ Vds gde biblioth. noire 3 meubles séparables avec vitrines placards. Valeur 4 000 F Px 1 900 F. Tél. après 20 h au ....

◆ Ach. chiots Labrador tat. vac. 3 mois Fac. de paiem. Tél. bureau : ....

◆ Station service Esso Massy rech. caissier/ère lundi au vendredi 13 h à 19 h. Tél. au ....

◆ Homme 10 ans d'exp. rech. emploi peintre en bât. chez part. ou professionnels. Étudie ttes propositions. Tél. au ....

◆ J.F. avec exp. rech. garde pers. âgées enfts jour ou nuit entretien maison temps complet ou partiel. Tél. le soir au ....

◆ AV. Antony pav. ds. quart. calme sur terrain de 380 m2 gd séjour cuis. 4 chbres sdb poss. 2 pces supp. cave gd garage atelier 1 900 000 F Tél. ....

◆ Rech. région Valence villa ou gd appt à louer. Faire offre au journal qui transmettra.

◆ Échange mono ski nautique Nautilus 075 P nf. contre mono ski **retournement** même gamme. Tél. : ....

◆ Vds scooter Pgt 50 cc Zenith 5 700 km turquoise fr. disq ét. nf. casque 7 500 F Tél. : ....

◆ Loue Avoriaz appt 2 p. + mezzanine gar. nf gd confort promenades tennis pêche à partir oct. Tél. : ....

À VOUS !

- - - - - - - - - - - - - - - - - - -

- - - - - - - - - - - - - - - - - - -

- - - - - - - - - - - - - - - - - - -

- - - - - - - - - - - - - - - - - - -

▶ *Comment passer une annonce ?*

Chaque journal réserve un espace pour la rédaction d'une annonce.
Avant de l'écrire, il faut étudier les propositions de prix qui sont
faites. On prend en compte en général :

• Le ou les secteurs choisis. L'annonce passera dans une ou plusieurs
éditions du journal (voir ci-dessous).

• Le nombre de semaines de passage (de 1 à 3 semaines). Voici un
exemple pour bien comprendre.

1. Rédigez votre annonce.

Écrivez dans les cases en lettres capitales avec un espace entre
chaque mot.

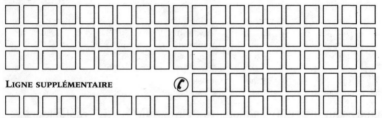

LIGNE SUPPLÉMENTAIRE

2. Choisissez votre secteur.

Secteur A ❑ Secteur B ❑ Secteur C ❑ Secteur D ❑

3. Calculez le prix de votre annonce.

	1 secteur		2 secteurs		3 secteurs		4 secteurs	
	1 sem.	3 sem.	1 sem.	3 sem.	1 sem.	3 sem.	1 sem.	3 sem.
3 lignes	40 F	80 F	70 F	140 F	90 F	180 F	100 F	200 F
1 ligne supplém.	15 F	30 F	20 F	40 F	25 F	50 F	30 F	60 F
caract. gras	15 F	30 F	20 F	40 F	25 F	50 F	30 F	60 F

❑ secteurs   ❑ semaine(s)   .... F

                                   ligne en plus   .... F

                                   caractères gras .... F
                                   _____

                         Total   .... F

paiement par   ❑ chèque   ❑ mandat

4. Donnez vos nom et adresse.

Nom | | | | | | | | | | | | | | | | | |
Prénom | | | | | | | | | | | | | | | | | |
Adresse | | | | | | | | | | | | | | | | | |
Ville | | | | | | | | | | | | | | | | |

5. Envoyez votre annonce accompagnée du règlement au journal.

▶ *Comment répondre à une petite annonce ?*

Le plus simple et le plus rapide est bien sûr le téléphone !
Mais il faut souvent écrire pour prendre rang et surtout
pour se faire donner par écrit des renseignements
complémentaires (qui n'ont pas été exprimés dans
l'annonce). Voici un exemple :

> A 18 425 Vds 505 GTI an. 86
> 157 000 km TBE. Antivol.
> Px : 15 000 F
> Tél. : 02 40 92 00 58

Monsieur,

   Pour faire suite à notre entretien téléphonique de ce
jour concernant la vente de votre voiture (annonce A
18 425), je vous confirme que je suis intéressé.

   Je me permets cependant de vous demander
quelques précisions. À savoir :
– Quelle est la couleur du véhicule ?
– A-t-il été accidenté ? (et dans l'affirmative, prière de
me donner quelques détails)
– A-t-il appartenu à une autre personne que vous ?

   Vous remerciant par avance pour votre réponse,
je vous prie d'agréer, Monsieur, l'expression de mes
sentiments les meilleurs.

**Vous écrivez à un annonceur pour demander des renseignements
qui ne figuraient pas dans l'annonce. Exemples :**

- location (distance de l'école, de la gare la plus proche) ;
- appareil (année d'achat, garantie, etc.) ;
- meuble (style, de quelle région ?) ;
- emploi (temps complet ou partiel ?) ;
- animal (vacciné et tatoué ?).

À VOUS !

2 *Les petites annonces et l'emploi*

Un emploi intéressant peut commencer ainsi… par la découverte d'une petite annonce parue dans un journal de la presse nationale. Les personnes intéressées doivent adresser un curriculum vitae (CV), c'est-à-dire un résumé de la vie professionnelle – éventuellement – et de la formation accompagné d'une lettre, appelée lettre de motivation (elle doit être manuscrite).

**STATION DE RADIO
EN PROVINCE
recherche
JEUNE JOURNALISTE
ayant une première
expérience
Envoyer lettre
+ CV + photo**

▶ *La lettre*

Rémy PORQUIER   *Paris, le 6 février 1997*
19, rue de l'Université
75007 PARIS
Tél. 01. 40. 80. 19.17

Objet : réponse à l'annonce   INTERLIAISONS
parue le 5 février dans le   REF 007
Monde Initiatives Emploi   20, rue de la Mutualité
                               92160 ANTONY

     Monsieur,

       À 25 ans, j'ai déjà obtenu une solide expérience dans le domaine de la radio. J'ai exercé les responsabilités de chef d'antenne dans une grande radio parisienne après avoir été pendant un an journaliste dans un très important groupe de presse provincial. Les connaissances acquises, tant sur le plan éditorial que technique, au sein de l'équipe de radio m'ont conforté dans le choix de ce métier passionnant.

       Très motivé par le poste de journaliste radio en province que vous proposez, je suis sûr de pouvoir exercer cette tâche avec toute l'efficacité souhaitée grâce à mes compétences et à la maîtrise de ce média que je possède maintenant.

       Je souhaite pouvoir vous convaincre de tout l'intérêt que je porte à cette candidature au cours d'un entretien que je sollicite.

       Dans la perspective de cette prochaine rencontre, je vous prie d'agréer, Monsieur, l'assurance de ma considération distinguée.

Cette lettre de motivation, considérée comme étant réussie, respecte les conseils habituels. Elle comporte 4 parties : raisons de l'envoi de la lettre, compétences du candidat, proposition d'entretien et formule de politesse.
À noter : la large marge laissée à gauche, l'écriture normalement penchée.
Il y a suffisamment de blanc en haut et en bas de la page.
La lettre est écrite au stylo plume à encre noire.

▶ *Le CV*

Rémy PORQUIER
19, rue de l'Université 75007 Paris
Tél. : 01.40.80.19.17
Né le 17 mars 1972
à 29000 QUIMPER
Marié, un enfant

JOURNALISTE DE RADIO

EXPÉRIENCE PROFESSIONNELLE

1995-1996 *Europe 1* Paris
– Préparation du journal du matin
– Reportages

1994 Journal *Ouest-France* Rennes
– Rédaction d'articles, reportages
– Liaison avec les responsables départementaux
En collaboration avec un rédacteur en chef :
– Recherche de présentation de nouvelles rubriques
– Participation à plusieurs tables rondes

FORMATION

1993 2 stages de 6 mois dans deux groupes de presse
en province (Grenoble, Bordeaux)
1990-1992 École de journalisme de Lille

1989 Baccalauréat C mention B
Pratique professionnelle de l'anglais
Maîtrise de Word et Access

CENTRES D'INTÉRÊTS

Passionné de concours photos
Participation à plusieurs expositions de peinture
Réalisation d'enregistrements (métiers d'autrefois)

Conseils
Le CV doit être court, non manuscrit et bien présenté (éviter les changements de caractères).
L'expérience professionnelle commence par le dernier poste occupé.
À la rubrique formation, on n'indique que ce qui est important.

1 *La préparation de l'enveloppe*

Votre correspondance est prête et, bien sûr, vous souhaitez que
la personne à qui vous écrivez la reçoive le plus vite possible.
Alors, en route pour la poste.

• Si votre courrier est affranchi (si vous avez mis un timbre)
et si vous êtes sûrs que le timbrage correspond bien au poids,
vous pouvez le déposer dans une boîte aux lettres de La Poste
(de couleur jaune, on la voit de loin).

Mais d'abord, avez-vous bien préparé l'enveloppe ?

• Vous devez écrire de façon très lisible le nom et l'adresse de votre
destinataire. Utilisez de préférence un stylo bille noir (pas de tache
s'il pleut, meilleure lecture par les appareils de tri).

• N'écrivez pas l'adresse n'importe où ! Choisissez de préférence des
enveloppes avec des lignes et des cases (voir ci-dessous). Certains
placent l'étiquette-adresse de l'expéditeur en haut, à gauche ; il vaut
mieux le faire au dos.

✔ Si vous déposez une lettre de plus de 20 g en service rapide, il faut ajouter :
LETTRE (mention manuscrite ou étiquette autocollante de La Poste).

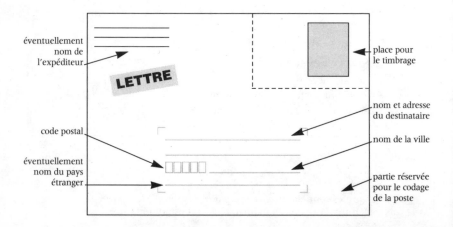

▶ *Encore quelques conseils*

• **L'indication du destinataire**

– **Lettres administratives et commerciales.** D'une façon générale, vous écrirez le nom du destinataire de la même façon que pour la suscription (voir p. 8) : *Monsieur le Proviseur / Monsieur le Maire…*

S'il s'agit d'une correspondance commerciale, inscrivez la raison sociale : *Société Roulot / Établissements Grégoire / Librairie Hachette…*

Si vous souhaitez que votre lettre, pour différentes raisons, soit ouverte par une certaine personne, précisez-le :

*Société Roulot
À l'attention de Monsieur Dussart*

Pour encore mieux marquer votre souhait, vous écrirez en haut et à gauche : *personnelle*.

Dans le cas de relations pour affaires, quand vous connaissez bien le destinataire, vous écrirez :

*Maître Jean-Marie Fraisse   Monsieur Jean Chouvier
Notaire   Maire*

– **Pour les lettres aux parents et amis**, vous mettrez :

Monsieur et Madame Jean-Jacques Frèche / Madame Jean Reboullet / Mademoiselle Sylvie Delmas

✔ Les abréviations M., Mme, Melle sont admises.

• **L'adresse.** Vous pouvez écrire certains mots en abrégé. Quand l'adresse comporte un nom de personnage, il est d'usage de mettre un trait d'union entre le prénom et le nom.

• **Le code postal.** Il se présente sous la forme d'une suite de cinq chiffres (voir p. 74). Pour les nécessités du tri, ne séparez pas les chiffres, ne les soulignez pas. À la suite du code, écrivez le nom de la localité de destination.

ABRÉVIATIONS

av. (avenue)
bd (boulevard)
pl. (place)
rte (route)

✔ Pour les petits villages qui ont un bureau de poste non distributeur, inutile d'écrire le nom du bureau distributeur (depuis mars 1989).
Exemple : 07000 ST JULIEN EN ST ALBAN
et non ST JULIEN EN ST ALBAN 07000 PRIVAS

✔ À noter que Saint peut s'écrire : ST (Sainte = STE). **Attention :** pas de traits d'union, pas d'apostrophes, pas de ponctuation.

2 *Le code postal*

▶ *En France*

Depuis le mois de mai 1972, en France, les lettres sont acheminées à l'aide des indications du code postal à cinq chiffres.

✔ Les deux premiers numéros reprennent le code du département (voir ci-dessous) et les trois autres indiquent celui du bureau distributeur. Si vous ne connaissez pas exactement le numéro de code postal de votre destinataire, utilisez le Minitel ou bien allez dans un bureau de poste et consultez le Code postal mis à votre disposition.

✔ Pour les courriers adressés à des entreprises, le nom de la ville est suivi de CEDEX.

Voici la liste des départements avec leur numéro de code ainsi que la carte des départements (ci-contre).

AIN	01	INDRE-ET-LOIRE	37	SEINE-MARITIME	76
AISNE	02	ISÈRE	38	SÈVRES (DEUX-)	79
ALLIER	03	JURA	39	SOMME	80
ALPES-DE-HAUTE-PROVENCE	04	LANDES	40	TARN	81
ALPES (HAUTES-)	05	LOIR-ET-CHER	41	TARN-ET-GARONNE	82
ALPES-MARITIMES	06	LOIRE	42	VAR	83
ARDÈCHE	07	LOIRE (HAUTE)	43	VAUCLUSE	84
ARDENNES	08	LOIRE-ATLANTIQUE	44	VENDÉE	85
ARIÈGE	09	LOIRET	45	VIENNE	86
AUBE	10	LOT	46	VIENNE (HAUTE-)	87
AUDE	11	LOT-ET-GARONNE	47	VOSGES	88
AVEYRON	12	LOZÈRE	48	YONNE	89
BELFORT (TERRITOIRE DE)	90	MAINE-ET-LOIRE	49		
BOUCHES-DU-RHÔNE	13	MANCHE	50	**RÉGION PARISIENNE**	
CALVADOS	14	MARNE	51	ESSONNE	91
CANTAL	15	MARNE (HAUTE)	52	HAUTS-DE-SEINE	92
CHARENTE	16	MAYENNE	53	PARIS (VILLE DE)	75
CHARENTE-MARITIME	17	MEURTHE-ET-MOSELLE	54	SEINE-ET-MARNE	77
CHER	18	MEUSE	55	YVELINES	78
CORRÈZE	19	MORBIHAN	56	SEINE-SAINT-DENIS	93
CORSE-DU-SUD	2A	MOSELLE	57	VAL-DE-MARNE	94
CORSE (HAUTE-)	2B	NIÈVRE	58	VAL-D'OISE	95
CÔTE-D'OR	21	NORD	59		
CÔTES-D'ARMOR	22	OISE	60	**DÉPARTEMENTS**	
CREUSE	23	ORNE	61	**D'OUTRE-MER**	
DORDOGNE	24	PAS-DE-CALAIS	62	GUADELOUPE	971
DOUBS	25	PUY-DE-DÔME	63	GUYANE	973
DRÔME	26	PYRÉNÉES-ATLANTIQUES	64	MARTINIQUE	972
EURE	27	PYRÉNÉES (HAUTES-)	65	RÉUNION	974
EURE- ET-LOIR	28	PYRÉNÉES-ORIENTALES	66		
FINISTÈRE	29	RHIN (BAS-)	67	**TERRITOIRES**	
GARD	30	RHIN (HAUT-)	68	**D'OUTRE-MER**	
GARONNE (HAUTE-)	31	RHÔNE	69	MAYOTTE	976
GERS	32	SAÔNE (HAUTE-)	70	NOUVELLE-CALÉDONIE	988
GIRONDE	33	SAÔNE-ET-LOIRE	71	POLYNÉSIE FRANÇAISE	987
HÉRAULT	34	SARTHE	72	SAINT-PIERRE-ET-	
ILLE-ET-VILAINE	35	SAVOIE	73	MIQUELON	975
INDRE	36	SAVOIE (HAUTE-)	74	WALLIS-ET-FUTUNA	986

LA CARTE DES DÉPARTEMENTS

0   100   200 Km

Départements :
1 . (75) Paris
2 . (92) Hauts-de-Seine
3 . (93) Seine-Saint-Denis
4 . (94) Val-de-Marne
5 . (77) Seine-et-Marne
6 . (91) Essonne
7 . (78) Yvelines
8 . (95) Val-d'Oise

Nord

50 km

3 Les envois en France

▶ Les lettres

Vous avez le choix entre le service rapide (mention LETTRE obligatoire pour les envois de plus de 20 g) et le service économique, appelé ECOPLI.

✔ À noter que l'affranchissement pour une lettre de 20 g (attention, au-dessus, le tarif change !) est le même pour la France, les pays de la Communauté européenne (ainsi que la Norvège et la Suisse) et les DOM-TOM, soit actuellement 3 F (valeur 1997).

DOM

Martinique, Guadeloupe, Guyane, Réunion.

TOM

Nouvelle-Calédonie, Polynésie française, Wallis et Futuna, Terres australes et antarctiques françaises.

La lettre recommandée. L'expéditeur remplit une formule visée par La Poste (preuve de dépôt). Le facteur fait signer le destinataire sur un feuillet (preuve de distribution). Dans certains cas, l'expéditeur a besoin de connaître la date de réception de son courrier : il remplit alors une formule avec avis de réception (AR). En cas de perte, une indemnisation est prévue suivant la déclaration faite au moment du dépôt (50 F, 1 000 F ou 3 000 F).

Les offres de La Poste

• **Les enveloppes pré-timbrées** au tarif en cours pour les lettres jusqu'à 20 g (deux formats : 114 x 162 mm et 110 x 120 mm).
• **Des enveloppes pré-timbrées** décorées avec un carton lui aussi décoré pour la correspondance. Des cartes postales décorées (Les Fables de La Fontaine), également pré-timbrées, sont aussi disponibles.
• **DISTINGO.** Ce sont des enveloppes souples, indéchirables, imperméables et prêtes à être expédiées (deux formats : 162 x 229 mm et 324 x 229 mm).
• **CHRONOPASS.** Ces enveloppes rigides (marquées CHRONOPOST) sont livrées avant midi le lendemain du dépôt : enveloppe 1 pour 250 g, 2 pour 750 g.

▶ *Les paquets*

Comme pour les lettres, il y a un service rapide
et un service économique.

Un envoi en COLISSIMO est reçu dans les 24 heures
à l'intérieur du département d'envoi et dans les
départements voisins ; dans les 48 heures pour les autres
départements. On peut envoyer des colis jusqu'à 10 kg
(à noter que le tarif est plus élevé pour les autres
départements).

Vous voulez envoyer votre paquet en service
économique, alors dites à l'employé de la Poste :
COLIECO. On peut envoyer jusqu'à 10 kg.
Pour le grand public, l'offre est limitée
aux envois standard.

✔ Vous n'avez pas de carton pour faire votre paquet ?
La Poste vous propose des emballages (il y a quatre
modèles ; le plus grand a comme dimensions :
35 x 22 x 14,5 cm). Comme les lettres, les paquets
COLISSIMO et COLIECO peuvent être envoyés en
recommandé simple ou avec avis de réception (mêmes
indemnités que pour les lettres en cas de perte,
détérioration ou spoliation).

Les offres de La Poste

• **DILIGO.** C'est un paquet prêt à poster acheminé en service rapide. Il y a
deux modèles. Avec la boîte n° 2, on peut envoyer jusqu'à 5 kg ; avec la
boîte n° 4, jusqu'à 7 kg.

• **CHRONOPASS.** Avec la boîte n° 1, on peut envoyer jusqu'à 3 kg ; avec la
boîte n° 2, jusqu'à 5 kg.

Pour envoyer des documents fragiles, utilisez la pochette gonflable (jusqu'à
2 kg). Quand la pochette est fermée, percez-la avec votre stylo : un coussin
de mousse protège votre envoi !

• L'idée vous vient d'envoyer une bonne bouteille ? La Poste vous propose
« **DILIGO BOUTEILLE** » ! En toute sécurité, votre bouteille de 75 cl
arrivera chez vos amis…

• Vous préférez un envoi, disons, plus culturel ? Envoyez des livres… avec
POSTE LIVRE, bien sûr ! Poids : jusqu'à 1 kg.

4 *Les envois à l'étranger*

Bien évidemment, l'affranchissement change suivant les pays destinataires. Ils sont regroupés en cinq zones.

Zones	Pays
1	Allemagne, Autriche, Belgique, Danemark, Espagne, Grande-Bretagne, Grèce, Gibraltar, Irlande, Italie (+ San Marin), Liechtenstein, Luxembourg, Pays-Bas, Portugal, Suisse, Vatican.
2	Autres pays d'Europe, Maroc, Tunisie, Algérie.
3	Autres pays d'Afrique.
4	Amérique du Nord, Proche-Orient, Moyen-Orient, Asie centrale.
5	Amérique centrale, Caraïbes, Amérique du Sud, Asie.
6	Océanie.

Comme pour les envois en France, il y a un service rapide (appelé PRIORITAIRE) et un service économique. On peut envoyer au même tarif lettres et paquets, jusqu'à 30 kg par envoi en prestation colis postal. La recommandation est possible (avec ou sans avis de réception). On peut indiquer une valeur déclarée et prendre une assurance en prévision des pertes. Le service prioritaire peut être accéléré en prenant l'option **exprès** (par porteur spécial).

Enfin, les envois peuvent se faire contre remboursement : le destinataire paie l'affranchissement à l'expéditeur quand il reçoit son envoi.

Les offres de La Poste

• **Les prêts à expédier**

Les Sky Pak. C'est l'équivalent des enveloppes **Chronopass** pour la France, quand on souhaite une réception rapide.

En Europe de l'Ouest, l'enveloppe peut contenir jusqu'à 500 g de documents. Pour l'Amérique du Nord, l'Asie Pacifique et l'International, 250 g.

Toutes ces enveloppes (prix d'affranchissement payé avec l'enveloppe) sont réservées uniquement aux envois de documents sans valeur commerciale.

Pour finir, sachez que l'enveloppe gonflable (voir p. 77) est utilisable pour les pays de l'Union européenne.

• **Les prêts à poster**

Sous l'appellation POSTEXPORT 100 et POSTEXPORT 500, la Poste propose des enveloppes préaffranchies prévues pour l'envoi de documents sans valeur commerciale à destination des pays de l'Union européenne et de la Suisse en service prioritaire (2 formats).

5 *Les autres services de La Poste*

• **La poste restante.** Il est des cas (quand on a une adresse provisoire, par exemple) où il est pratique de recevoir son courrier à la poste. Pour retirer le courrier, il faut aller (régulièrement) à la poste avec une carte d'identité. Pour chaque envoi, il y a un tarif à payer équivalent à celui de l'affranchissement d'une lettre de 20 g.

• **La boîte postale.** Ceux qui reçoivent beaucoup de courrier louent une boîte postale avec un n° (B.P. + n°) et vont chaque jour au bureau de poste retirer leur courrier. La mention B.P. + numéro doit figurer sous le nom de la rue.

• **Postéclair.** C'est un service de télécopie utilisable pour envoyer très rapidement (par l'intermédiaire des lignes téléphoniques) du courrier à une personne, à une société qui dispose d'un appareil (fax) pour le recevoir. Écrivez avec un bon feutre noir (pas trop près des bords), rédigez le message de façon très claire. N'oubliez pas d'indiquer le nombre de pages.

• **Les télégrammes.** Avec le développement très important du téléphone, l'arrivée en force de la télécopie, le télégramme est beaucoup moins utilisé...

• **Les envois d'argent.** Avec l'informatique, les paiements et les retraits d'argent sont devenus plus simples et plus rapides. Il n'y a plus guère de formules à remplir : il suffit de donner une signature.

• **Les placements d'argent.** Comme les banques, La Poste propose de très nombreux placements, que ce soit pour peu de temps (à court terme), pour plusieurs années (à long terme), pour avoir de l'argent disponible ou qui rapporte... Demandez à rencontrer un conseiller de La Poste.

L'association « Lettres du monde » publie un magazine trimestriel *Poste Restante* dans lequel sont reproduites, avec l'accord des auteurs, des lettres intéressantes venues du monde entier.
Adresse : 11, rue de l'Espérance 75013 PARIS

Publié avec le concours du Centre national du Livre et avec le soutien de La Poste Paris-Nord.

La Journée de la Lettre 96
Une idée de La Poste, du ministère de l'Éducation nationale et du ministère de la Culture pour encourager les Français à écrire en dehors des fêtes, des anniversaires et des vacances. Des milliers de lettres ont été envoyées, par des jeunes dans les bureaux de Poste (elles ont été affichées), par des anciens élèves à leurs professeurs.

6 *Les timbres-poste de collection*

Si vous souhaitez affranchir votre courrier de façon originale, vous pouvez choisir de le faire avec des timbres de collection, plus beaux que les timbres ordinaires. Cette attention fera plaisir au destinataire, surtout s'il est philatéliste, c'est-à-dire collectionneur de timbres.

• **Où trouver ces timbres ?** Chaque bureau de poste reçoit, à chaque parution, un certain nombre de feuilles de timbres (on dit : des planches). Il est conseillé d'aller acheter ces timbres dès le jour de parution.

• **Comment connaître le jour d'émission ?**
La Poste imprime une carte où sont regroupées toutes les émissions d'un semestre.

✔ Vous voulez en savoir plus ? Achetez un journal de la presse philatélique (voir ci-contre). Vous voulez être sûr(e) d'avoir les timbres ? Faites une demande de réservation dans un bureau de poste, dans un Point philatélie (il y en a 210 en France) ou auprès du Service Philatélique de La Poste 18, rue François-Bonvin 75758 Paris Cedex 15.
Outre les timbres, vous pouvez acheter le document philatélique officiel imprimé sur du très beau papier (vélin) avec le timbre et le tampon 1er jour (oblitération), la notice Premier jour, etc.

Quelques journaux de la presse philatélique : *Le Monde des Philatélistes*, *L'Écho de la timbrologie*, *Timbroscopie*, *Timbroloisirs* et un dernier né : *Atout timbres*

▶ *Comment naissent les timbres ?*

La Poste reçoit chaque année environ 1 000 demandes d'émission de timbres-poste de collection. Comment choisir ? Une commission formée de représentants de la Poste et du ministère de la Culture, de philatélistes, de marchands de timbres, d'historiens et d'artistes est chargée de faire un choix parmi toutes les demandes.

Cette commission se réunit deux fois par an pour établir la moitié du programme philatélique de l'année. Le programme philatélique est présenté en dernier ressort au ministre qui signe un arrêté ministériel publié au Journal Officiel.

Les timbres-poste sont fabriqués par l'Imprimerie des timbres-poste et des Valeurs Fiduciaires. Elle est

Le premier timbre français

En 1849, le premier timbre postal de France est créé. Il représente Cérès, vue de profil, la déesse des moissons et de l'abondance. Des épis de blé, des grappes de raisin et des branches d'olivier couronnent sa belle chevelure.

installée depuis 1970 à Périgueux (Dordogne). Près de 700 personnes impriment chaque année 4,5 milliards de timbres français (ils travaillent aussi pour des pays étrangers).

▶ *Quatre exemples*

Il y a trois façons différentes d'imprimer les timbres. De la plus noble à la plus ordinaire : la taille-douce, l'héliogravure et l'offset.

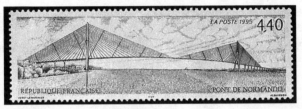

2. Taille-douce. *Ce timbre, dessiné par Jean-Paul Véret Lemarinier et gravé par Pierre Albuisson, est paru à l'occasion de la mise en service du pont de Normandie. Longueur : 2 141 m pour relier la Haute et la Basse Normandie.*

1. Héliogravure.
Madame de Sévigné est morte en 1696 au château de Grignan (Drôme). Louis Briat a dessiné ce timbre pour le 3e centenaire de la mort de celle qui s'est rendue célèbre par sa correspondance.

La Marianne de Briat.
C'est le timbre courant utilisé pour affranchir les lettres de moins de 20g (voir p. 76). Sans valeur faciale, il est adhésif et précoupé. Il est de couleur rouge avec deux bandes verticales.

3. Offset. *Pour marquer la 4e élection du Parlement européen (où plus de 340 millions d'Européens sont représentés), La Poste a réalisé ce timbre dessiné par René Dessirier.*

Un moment fort pour les philatélistes

Chaque parution de timbre est un moment important. Chaque année, au mois de mars, la Poste fait paraître un timbre spécial (avec surtaxe) pour la Journée du timbre. Les sociétés philatéliques éditent, à cette occasion, des cartes postales avec le timbre oblitéré **1er jour**, organisent des rencontres, font des expositions, etc.

Personnages d'hier …

*Chaque jour, dans leur voiture jaune, sur leur vélomoteur,
à bicyclette, à la campagne comme à la ville, plus de 90 000
facteurs apportent le courrier dans des millions de boîtes
aux lettres : bonnes et mauvaises nouvelles, chèques et factures,
publicités, paquets, etc.*

*Les facteurs sont des « personnages » qui ont inspiré écrivains
et metteurs en scène.*

*Mais commençons par l'histoire d'un facteur pas tout à fait
comme les autres…*

Le rêve du facteur

Il s'appelait Ferdinand Cheval. Il était né en 1836 dans le
département de la Drôme. D'abord apprenti boulanger, il
devient facteur. Chaque jour, il fait sa tournée autour
d'Hauterives : pas moins de trente-deux kilomètres à
pied ! Ça donne le temps de penser, de rêver, non ?
Ferdinand Cheval n'en finit plus de rêver…
Et puis, un jour, il a 43 ans, le rêve va devenir réalité.
D'une façon pour le moins curieuse. Ce jour-là, son
pied bute sur un gros caillou charrié par les glaciers
venus des Alpes. Ferdinand prend le caillou dans ses
mains, le regarde, le retourne, l'admire. Comme la nature
fait bien les choses ! Un caillou, deux cailloux, des cailloux,
avec çà, on peut faire une maison, et pourquoi pas un palais…
À partir de ce jour, et pendant trente-trois ans, le facteur Cheval
transportera, après sa tournée, 40 kg de cailloux. Pendant trente-trois ans,
jusqu'à la nuit, il sera architecte et maçon.

Jour après jour, le grand palais du petit facteur prend forme : 26 m de long,
de 10 à 14 m de large, plus de 10 m de hauteur ! Le « Palais idéal », c'est son
nom, nous transporte dans le temps avec ses personnages (Archimède,
César, Vercingétorix) et dans l'espace, de l'Égypte à l'Inde, en Suisse et aux
États-Unis, en Algérie… Partout, de belles phrases : « À cœur vaillant, rien
d'impossible », « Ne fais pas à ton prochain ce que tu ne voudrais pas qu'il
fît à toi-même », « Vouloir, c'est pouvoir », etc.

Ferdinand Cheval est mort en 1924. Il repose au cimetière du village dans
un tombeau construit à l'image du Palais. Chaque année, plus de 140 000
personnes viennent visiter le « Palais Idéal » du bon facteur Cheval (classé
monument historique par André Malraux le 23 septembre 1969).

... et d'aujourd'hui

Le bon facteur

...Ce matin-là, Déodat avait quinze lettres et trois imprimés. Il quitta Valbuisson un peu avant dix heures pour franchir les neuf kilomètres qui le séparaient de Claquebue. Ses lettres étaient bien rangées dans le sac de cuir qu'il portait en bandoulière, et lui, il marchait d'un bon pas, mais sans se presser, juste comme il fallait. Il pensait à ses lettres, se récitait les noms des destinataires dans l'ordre où il les toucherait, et sans jamais se tromper, preuve qu'il savait son métier.

Au bas de la Montée-Rouge, Déodat se fit observer : « Quand j'aurai monté la côte, ce sera encore ça de fait. » Et il rit, parce que c'était la vérité : quand il aurait monté la côte, ce serait encore ça de fait. Il marchait posément, comme un homme posé, un homme doux ; enfin, un homme

En haut, le « Palais idéal » du facteur Cheval, vue générale ; ci-dessus, son tombeau (photos Delon)

raisonnable qui connaît son affaire, un bon facteur. Il avait chaud du grand soleil qu'il faisait, mais c'est aussi que son uniforme était en bonne étoffe. Ce n'est pas lui qui allait s'en plaindre.

Déodat montait la côte en songeant qu'il était facteur. C'est une bonne place. S'il ne l'avait pas méritée, il ne l'aurait pas eue. Pour faire un bon facteur (il y a facteur et facteur, c'est comme dans tout), il faut savoir des choses dans sa tête ; et d'abord savoir marcher. Tout le monde ne sait pas, qui croit pourtant...

Déodat est arrivé au-dessus de la Montée-Rouge. Il dit tout haut : « Voilà Claquebue ». Chacun ses habitudes. Lui, en arrivant au-dessus de la Montée-Rouge, il dit : « Voilà Claquebue ». Et ça ne manque jamais, c'est Claquebue, la première maison à droite, la deuxième maison à gauche. Il descend dans le pays en songeant qu'il est facteur. C'est une bonne place, un bon métier. On peut dire tout ce qu'on voudra sur le métier de facteur – et au fond, il n'y a rien à dire – mais c'est un bon métier. L'uniforme, il faut en avoir soin, bien entendu, mais pour celui qui en a soin, il fait propre. Quand on rencontre un facteur, on voit tout de suite qu'il est facteur.

La première maison ouvre ses persiennes et dit à Déodat :

– Tu fais ta tournée ?

– Mais oui, répond Déodat, je fais ma tournée.

La deuxième maison ne dit rien. C'est parce qu'il n'y a personne. À la troisième, Déodat porte la main à son sac, et appelle en entrant dans la cour :

– Veuve Dominé !

La veuve Dominé doit être dans le jardin. Il pourrait poser la lettre sur la fenêtre avec une pierre dessus. Mais il attend. La vieille a entendu, elle traîne ses sabots au coin de la maison.

– Le bonjour, Déodat, tu as le chaud pour faire ta tournée ?

– Bonjour vous va, Justine. Il fait chaud de jardiner aussi.

Passé les politesses, il tend la lettre et dit avec sa voix de service : Veuve Dominé.

L'œil méfiant, la vieille regarde la lettre sans la prendre, et tape sur les poches de son tablier pour y chercher ses lunettes. Mais une paire de lunettes ne sert à rien quand on ne sait pas lire.

– Ça vient de mon Angèle. Tu vas me dire ce qu'elle m'écrit.

Déodat lui fait la lecture, sans se rengorger. Il pense simplement que l'instruction est une chose bien utile. Quand il a fini, la vieille s'approche tout près de lui et demande :

– Alors, qu'est-ce qu'elle me dit ? [...]

Extrait de *La Jument verte* de Marcel Aymé, © Éditions Gallimard.

... et d'aujourd'hui

© Cliché Hachette

Jour de fête *de Jacques Tati*

En 1947, le cinéaste René Clément doit tourner *L'École des Facteurs*. Mais comme il est très occupé, il demande à l'un de ses amis, Jacques Tati, de faire le film à sa place. C'est un court-métrage... qui ne rencontre pas un grand succès. Alors, deux ans plus tard, Tati décide de refaire le film dans un petit village de Touraine qu'il connaît bien, Sainte-Sévère-sur-Indre. Le sujet du film ? Pour résumer : les petites folies du facteur, le jour de la fête du village. Le film, qui prend le nom de Jour de fête, est présenté en avant-première dans un cinéma de Neuilly près de Paris. C'est le succès ! Et Jacques Tati, qui interprète le rôle de François le facteur, connaît la gloire.

La jeune factrice

Comme les quatre-vingt autres facteurs et factrices d'Antony (ville de 58 000 habitants dans la banlieue sud de Paris), chaque jour, Hélène Duval fait sa tournée (environ 20 km, 400 à 600 boîtes aux lettres selon les jours).

AVANT DE POSER LE STYLO

1 *La chasse aux fautes*

Les nombreux modèles qui précèdent vous ont appris
à écrire et à présenter une lettre de la meilleure façon
possible. Les « variantes » vous ont proposé de
nombreuses manières de développer les sujets suivant
les personnes à qui vous vous adressez.
Mais ce ne sont là que des exemples pour vous guider.
Vous ne pourrez jamais recopier mot à mot telle ou
telle lettre. Vous allez l'adapter, forcément. Pour qu'elle
exprime parfaitement le message que vous voulez faire
passer. Et puis aussi parce que vous avez une
personnalité, une façon à vous d'écrire, un style.

> On peut aussi acheter
> un correcteur d'orthographe

C'est alors qu'il faut être vigilant. Veillez à ce que vos
phrases soient correctes, sans fautes de grammaire, ni
d'orthographe. Faites relire votre lettre par quelqu'un
qui connaît bien le français… Mais vous pouvez aussi
travailler seul. Ouvrez votre livre de grammaire. Faites
des recherches dans un dictionnaire. Et puis,
La Correspondance facile est là pour vous aider !

> À consulter dans la
> collection Outils, *La
> grammaire française*

▶ *Du nouveau dans l'orthographe*

Le Conseil supérieur de la Langue française et l'Académie
française ont décidé de faire des rectifications orthographiques
(*Journal Officiel* n° 100, 6 déc. 1990). Elles vont dans le sens de
la simplification : suppression de certains accents circonflexes
et uniformisation. Ces nouvelles mesures ont été bien
accueillies dans l'enseignement. Et les auteurs de dictionnaires
(en premier lieu, l'Académie française), dans les nouvelles
éditions, prennent en compte la plupart de ces modifications.
Déjà, certains ouvrages, les articles de plusieurs revues
françaises suivent les rectifications recommandées (mais il faut
noter que, pendant une période intermédiaire, les deux façons
d'écrire – les deux graphies – seront acceptées). De leur côté,
les pays francophones, la Belgique et la Suisse notamment,
sont « **pour** » et les introduisent dans les écoles (et même, plus
empressés que la France).

> Charriot avec 2 R, ça,
> c'est un **évènement** !

Enfin, la simplicité !
Tous les mots de la
famille de char
prennent 2 r.

Voici, pour vous donner une première idée, la liste des 25 mots les plus fréquents établie par AIROÉ* (en italique, l'ancienne façon d'écrire). Les rectifications portent principalement sur la suppression des accents circonflexes et la modification des accents grave et aigu qui respectent la prononciation, la régularisation des pluriels des mots composés et la francisation des mots empruntés aux langues étrangères.

abime (abimer) *(abîme / abîmer)*
accroitre *(accroître)*
aout *(août)*
après-midi, des après-midi(s)
ass(e)oir (et rass(e)oir, surs(e)oir…)
boite (emboiter…) *boîte*
bonhom(m)ie (et prudhom(m)ie)
bruler *(brûler)*
céder, cèderai (et verbes du même type)
chaine (enchainer…) *chaîne*
charriot *(comme charrette)*
cout (couter…) *(coût)*
croute (encrouter…) *(croûte)*
diner *(dîner)*
évènement (abrègement) *(événement)*
flute (flutiste) *(flûte)*
frais, fraiche (fraicheur…) *(fraîche, fraîcheur)*
gout (gouter, ragout…) *(goût, goûter, ragoût)*
ile (et presqu'ile) *(île)*
maitre(sse), maitrise… *(maître(sse))*
mure, n. et adj. féminins *(mûre)*
sure (surement, sureté…) *(sûre)*
paraitre (apparaitre, et tous verbes en -aitre) *(paraître)*
trainer (entrainer…) 　　　*(entraîner)*
traitre (traitrise) *(traîtrise)*

Nina Catach, *Les listes orthographiques de base* (LOB), Nathan 1984.

> *
> AIROÉ ?
> C'est l'Association pour l'Information et la Recherche sur les Orthographes et les systèmes d'Écriture.
> On peut obtenir une liste plus complète (200 mots) en écrivant à
> AIROÉ
> 4, passage Imberdis
> 94700 Maisons-Alfort

▶ *De grosses fautes à éviter*

Elles viennent en général du langage parlé. Mais à l'écrit, au moins dans la correspondance d'affaires, elles doivent absolument disparaître.

Voici un petit jeu. Quelle est la bonne phrase ?

1. Je pense arriver
   - ❏ A. par l'avion de 17h 30
   - ❏ B. avec l'avion de 17h 30
   - ❏ C. sur l'avion de 17h 30

2. Lors de mon prochain voyage
   - ❏ A. Je vous amènerai une belle pierre.
   - ❏ B. Je vous transmettrai une belle pierre.
   - ❏ C. Je vous apporterai une belle pierre.

3. Cette lettre est adressée
   - ❏ A. à l'intention de M. Duc.
   - ❏ B. à l'attention de M. Duc.
   - ❏ C. aux attentions de M. Duc.

4. Je ne sais pas
   - ❏ A. ce que vous allez penser de ma proposition.
   - ❏ B. qu'est-ce que vous allez penser de ma proposition.
   - ❏ C. quoi vous allez penser de ma proposition.

5. Si vous visitez le musée, n'oubliez pas de
   - ❏ A. monter sur la tour.
   - ❏ B. monter en haut.
   - ❏ C. monter dans la tour.

6.
   - ❏ A. Ceux-là dit,
   - ❏ B. Cela dit,
   - ❏ C. Ceci dit,

   je vais m'arranger pour être avec vous dimanche.

7.
   - ❏ A. En tout cas,
   - ❏ B. En tous cas,
   - ❏ C. En tous les cas,

   ne nous dérangez pas !

8.
   - ❏ A. Vous vous rappelez des
   - ❏ B. Vous vous rappelez les
   - ❏ C. Vous vous rappelez aux

   belles promenades de cet été ?

9. Mon correspondant est
   - ❏ A. un français.
   - ❏ B. Français.
   - ❏ C. français.

10. Venez vite avant mon départ
   - ❏ A. sur Paris.
   - ❏ B. pour Paris.
   - ❏ C. à Paris.

Réponses : 1A. 2C (apporter quelque chose, amener quelqu'un). 3B. 4A. 5C. (on ne dit pas monter en haut et descendre en bas, c'est un pléonasme). 6B. (ce que je viens de dire : ceci annoncer ce que l'on va dire : écoutez ceci). 7A. (on écrit de même : de toute façon, de toute manière au singulier et non au pluriel). 8B. se rappeler quelquechose ; mais se souvenir de quelquechose. 9C. (adjectif : ma correspondante est française ; mais on dira : c'est un Français, une Française – nom –). 10B.

▶ *Comment écrire les nombres ?*

Suivant les nouvelles dispositions concernant
l'orthographe, on met un trait d'union pour
tous les adjectifs numéraux formés de deux mots
(donc après le nombre seize).
Exemples :
dix-sept, mille-neuf-cent-quatre-vingt-dix,
sept-cent-vingts, deux-mille-huit-cents, etc.

> Eh bien moi, j'ai joué le six, le seize, le dix-sept, le dix-neuf, le vingt-cinq et le quarante-neuf… et j'ai gagné neuf millions neuf-cent-dix-sept-mille-cent-quatre-vingt-quinze francs !

▶ *Comment écrire certains noms de rues ?*

Dans chaque ville, beaucoup de rues portent des noms de
gens célèbres. Il est d'usage de mettre un trait d'union entre
le prénom et le nom. Par exemple :

Victor Hugo → boulevard Victor-Hugo

Georges Clemenceau → rue Georges-Clemenceau

On écrira de même :

Louis Le Grand → rue Louis-le-Grand

L'Hôtel de Ville → place de l'Hôtel-de-Ville

> Et après-midi, masculin ou féminin ?

> Les deux !

2 *Les abréviations*

▶ *Un mot*

On abrège un mot (on le rend plus court en enlevant des
lettres) que l'on doit utiliser très souvent et dont le sens est
connu de tous. Voici les abréviations les plus couramment
employées.

Les personnes

M.	Monsieur	Mgr	Monseigneur
MM.	Messieurs	Me	Maître (notaire, avocat)
Mme	Madame	Dr	Docteur
Mmes	Mesdames	Pr	Professeur
Mlle	Mademoiselle	Vve	Veuve (qui a
Mlles	Mesdemoiselles		perdu son mari)

Les lieux

av.	avenue
bd.	boulevard
pl.	place
St/Ste	Saint-/Sainte
	devant un nom de village

Les mesures

h	heure
cm	centimètre
m	mètre
mm	millimètre
km	kilomètre
l	litre
cl	centilitre
W	watt
V	volt
amp	ampère
km^2	kilomètre carré
m^2	mètre carré
m^3	mètre cube
cm^3	centimètre cube
F	franc
	(et non Frs ou fr)
FF	franc français
°	degré centigrade

Les nombres

1er	premier
1re	première
2^e	deuxième
	(sans accent)
2^{de}	seconde
3^e	troisième
	(sans accent)

... et quelques mots comme :

cf.	voir aussi...
N.B.	notez bien
S.V.P.	s'il vous plaît
etc.	et les autres
	choses *(ne pas mettre*
	trois points)
id.	de même
c.-à-d.	c'est-à-dire

▶ *Un ensemble de mots*

Ce sont des sigles. Ils sont formés des initiales (ou des premières lettres) de plusieurs mots. Ex. : S.N.C.F. = Société nationale des Chemins de fer français.

Parfois, on peut lire le mot ainsi constitué.

Ex. : DOM = département d'outre-mer (dans ce cas, il peut ne pas y avoir de points).

Voici les exemples les plus courants :

A.N.P.E.	l'Agence nationale pour l'emploi
B.D.	la bande dessinée
B.O.	le bulletin officiel
C.C.P.	compte chèque postal.
C.V.	cheval vapeur et aussi *curriculum vitae*, voir p. 71
DOM	Départements d'Outre-Mer
E.D.F.	Électricité de France

G.D.F.	Gaz de France
G.I.C.	grand invalide civil
H.L.M.	une habitation à loyer modéré (une H.L.M.)
H.T.	hors taxes
I.N.C.	Institut national de la Consommation
P.-D.G.	Président-directeur général
P.M.E.	petites et moyennes entreprises
P.M.I.	petites et moyennes industries
P.R.	Poste restante
P.-V.	un procès-verbal
Q.I.	quotient intellectuel
R.A.T.P.	Régie autonome des Transports parisiens
R.N.	route nationale
S.A.	société anonyme
SAMU	Service d'aide médicale d'urgence
S.G.D.G.	sans garantie du gouvernement
S.M.I.C.	salaire minimum interprofessionnel de croissance
S.S.	Sécurité sociale
TOM	Territoires d'Outre-Mer
T.S.V.P.	tournez la page s'il vous plaît
T.T.C.	toutes taxes comprises
V.D.Q.S.	vin délimité de qualité supérieure
Z.U.P.	zone à urbaniser en priorité

À VOUS !

Sauriez-vous dire ce que signifient ces expressions ?

1. Ne prenez pas tout ce qu'on vous dit **au pied de la lettre**.
2. Mon dernier courrier est resté **lettre morte**.
3. C'est passé **comme une lettre à la poste**.
4. Il a suivi le mode d'emploi **à la lettre**.
5. Les Romains furent des ingénieurs **avant la lettre**.

Solutions

1. littéralement, exactement 2. sans suite 3. très facilement 4. scrupuleusement 5. avant que cette expression ne soit inventée.

3 *Encore quelques lettres*

De nombreux auteurs, notamment au XVIIIe
siècle, ont choisi le mode de la lettre pour
exprimer leur opinion ou leurs idées.

En 1716, Fénelon écrit *La Lettre sur les
occupations de l'Académie française*, ouvrage
recommandé par l'Académie, pour préciser
les activités de celle-ci. Montesquieu publie
en 1721 les *Lettres persanes* : deux Persans,
Usbek et Rica, écrivent à différents
correspondants pour dire ce qu'ils pensent
du monde occidental.

En 1758, Jean-Jacques Rousseau écrit
la *Lettre à d'Alembert sur les spectacles*,
où il décrit les dangers du théâtre :
une manière d'atteindre son
ennemi Voltaire.

En 1734, Voltaire publie vingt-cinq
lettres, les *Lettres anglaises*, dans
lesquelles il décrit quelles sont, à
ses yeux, les vraies valeurs de la
civilisation et quels en sont les
adversaires. L'ouvrage fut saisi et
brûlé.

Plus près de nous, des ouvrages en général
pamphlétaires sont publiés sous le titre
Lettre ouverte à…
Depuis quelques décennies, les politiques choisissent
souvent la « lettre » pour s'adresser à leurs électeurs.
Les entreprises, devant le succès de ces lettres,
informent leurs salariés ou leurs clients sous cette
forme (voir ci-dessus). Beaucoup d'associations
informent leurs adhérents de cette manière
(voir ci-contre).

4 *Et demain ?*

Pendant longtemps encore, c'est par lettre que nous continuerons de nous adresser à nos proches, à nos amis… à l'administration.

Mais un autre type de courrier apparaît. Déjà très utilisé aux États-Unis, au Japon, en Allemagne, encore timidement en France, le courrier électronique E-Mail, grâce aux réseaux d'Internet, apporte de nouvelles solutions à la communication. Et les avantages de ce moyen, par rapport au courrier que nous connaissons, sont de taille !

• *La rapidité d'abord :* quelques secondes suffisent pour transmettre votre courrier à l'autre bout du monde (quelques minutes si les lignes sont encombrées).

• *Le prix :* le coût d'une communication locale à votre fournisseur d'accès (voir plus loin).

• *La sécurité :* lorsque vous recevez l'ordre de départ, vous pouvez déjà être sûr que le courrier est bien arrivé à destination.

Mais ce n'est pas tout !

Grâce à Internet vous pouvez aussi joindre des documents à votre lettre : extraits de films vidéo, photos, dessins… et même de la musique.

Alors pourquoi ne pas tout envoyer par courrier électronique ? Parce que tout d'abord il faut être équipé d'un ordinateur, d'un modem* et que cet équipement est encore cher.

Il faut ensuite chercher un « fournisseur d'accès », c'est-à-dire une entreprise grâce à laquelle, moyennant un abonnement, vous pouvez entrer sur le réseau Internet.

Si vous remplissez ces conditions, vous êtes devenu un cybernaute ! Vous possédez une boîte à lettres électronique avec une adresse personnelle protégée par un mot de passe pour que n'importe qui ne puisse avoir accès à votre courrier.

---

* Votre ordinateur devra être équipé d'un modem, appareil qui transforme les signaux binaires (0 et 1) de votre ordinateur en données audio qui seront envoyées sur les lignes téléphoniques.

Notes personnelles

Dans cette page, notez les différents renseignements que vous serez sûrs de retrouver : une faute que vous avez beaucoup de mal à chasser, une adresse que vous avez besoin de connaître, le libellé d'un en-tête de lettre que vous ne voulez pas oublier, des modèles de terminaisons de lettres qui vous sont personnelles, différentes abréviations nouvelles, un sigle inhabituel, etc.

Le mot de la fin

*C*her lecteur, chère lectrice,

C'est maintenant à vous tous et à vous toutes qui apprenez notre langue, en France ou dans votre pays, seuls ou avec un professeur, en parlant avec des francophones ou en écoutant des cassettes que j'adresse cette dernière lettre.

Arrivé au terme de cet ouvrage, je me pose tout naturellement des questions dont la toute première pourrait être celle-ci : « Suis-je parvenu, dans ces quelques pages, à rendre plus aisé l'exercice souvent difficile qui est celui d'écrire une lettre ? » C'est vous qui détenez la réponse ! À votre tour, posez-vous des questions. Par exemple : « Ai-je trouvé dans la *Correspondance facile* les exemples que je recherchais ? Suis-je capable, maintenant, de bien commencer une lettre, de bien la terminer ? Ai-je fait des progrès ? » Et peut-être qu'après beaucoup d'autres questions, la toute dernière sera celle-ci : « Est-ce que, désormais, je n'éprouve pas un certain intérêt, voire un certain plaisir, à rédiger une lettre ? » Si votre réponse est oui à cette dernière question et si elle est également positive à la toute première, alors le but de la *Correspondance facile* aura été atteint.

C'est dans cette heureuse perspective que je vous quitte et vous adresse, cher lecteur, chère lectrice, mes très cordiales salutations,

L'AUTEUR

Imprimé en Italie par Rotolito Lombarda S.p.A.
Dépôt légal: 23953 - 06/2002 - collection 06 - édition 03
15/5083/9